Lotte Bormuth
ALLES GLÜCK DER ERDE

Lotte Bormuth

Alles
Glück
der Erde

francke

Über die Autorin:

Lotte Bormuth ist eine der erfolgreichsten christlichen Autorinnen Deutschlands. In bald über 100 Titeln hat sie mit Lebensbildern und eigenen Erlebnissen vielen Menschen Trost, Freude und Glaubensmut vermittelt. 1945 als Flüchtlingskind nach Deutschland gekommen, engagiert sie sich heute für syrische Flüchtlinge in ihrem Umfeld. Sie hat fünf Kinder, 17 Enkel und einen Urenkel und lebt mit ihrem Mann in Marburg.

Bibliografische Information Der Deutschen Bibliothek
Die Deutsche Bibliothek verzeichnet diese Publikation in der
Deutschen Nationalbibliografie;
detaillierte bibliografische Daten sind im Internet
über http://dnb.ddb.de abrufbar.

ISBN 978-3-86827-565-0
Alle Rechte vorbehalten
© 2016 by Verlag der Francke-Buchhandlung GmbH
35037 Marburg an der Lahn
Umschlagbilder: © shutterstock.com / Red pepper
Umschlaggestaltung: Verlag der Francke-Buchhandlung GmbH /
Christian Heinritz
Satz: Verlag der Francke-Buchhandlung GmbH
Printed in Czech Republic

www.francke-buch.de

Inhalt

Eine Rose mir zur Freude

Heute muss ich unbedingt dem Blumenhändler in unserer Stadt einen Besuch ab-
statten. Er kommt aus Holland, und schon
vor seinem Geschäft hat er vor dem Bürgersteig Blumen jeder Art aufgestellt. Mehrmals habe ich beobachten können, dass ein
großer Lastwagen aus den Niederlanden
vor seinem Laden hält und riesige Mengen
herrlicher Blumen ablädt: Petunien, Gera-
nien, Gladiolen, Tulpen, Rosen, Orchide-
en, Sonnenblumen und noch viele andere.
Ich war überrascht, als ich in den kirchli-
chen Nachrichten las, dass dieser Geschäfts-
mann jeden Sonntag unentgeltlich für den
Blumenschmuck auf dem Altar sorgt, und
das schon über viele Jahre. So manchmal
habe ich gestaunt über die wunderschönen
Sträuße von Dahlien, Astern; Margeriten
und Osterglocken, um nur einige Arten zu
nennen. Nun habe ich erfahren, wer sich so
viel Mühe macht, um uns Kirchenbesuchern
solche Freude zu bereiten. Auch das ist wah-
rer Dienst für Gott, unsere Herzen durch ein

geschmücktes Gotteshaus für die Botschaft des Evangeliums bereit zu machen. Vor allen Dingen an Festtagen kann ich meinen Blick kaum von all der blühenden Pracht vor dem Kreuz abwenden. Weihnachten, Ostern, Pfingsten, bei Konfirmationen, Taufen Hochzeiten und vor allem am Erntedankfest ist unsere Kirche reich geschmückt. Jahraus, jahrein erstrahlt das Gotteshaus im Glanz der herrlichen Natur. Die Opferbereitschaft und den wöchentlichen Dienst für Gott bewundere ich an diesem Holländer.

Heute will ich ihm meinen Dank und meine Anerkennung aussprechen und betrete seinen Laden. Freundlich begrüße ich ihn und spreche ihm ein kräftiges Lob aus. „Ich werde meiner großen Verwandtschaft und meinen Freunden von Ihrer Liebe zu Gott erzählen. Schade, dass ich erst heute von Ihrem Einsatz erfahren habe. Gott selbst möge Ihren Dienst segnen und Ihnen viele Kunden in Ihr Geschäft führen. Herzlichen Dank!"

Der Blumenhändler drückt mir fest die Hand. „Sie sind die Erste, die mir diese guten und ermutigenden Worte sagt", lächelt er mich an. Dann schaut er sich in seinem Geschäft um, zieht eine wunderschöne rote

Rose aus einer Vase und überreicht mir fröhlich diese Blume. Ich will abwehren, aber der Verkäufer bleibt standhaft. „Nehmen Sie sie bitte, ich freue mich, wenn sie Ihr Zimmer schmückt. Diese Rose ist für Sie persönlich."

Mir tun seine Worte wohl. Auf dem Weg nach Hause muss ich denken: Wie viele Möglichkeiten bieten sich, Gott zu dienen. Durch diesen Blumenschmuck auf dem Altar wird mir dieses Gotteshaus noch lieber.

Nun will ich noch einen kurzen Nachtrag folgen lassen.

Seit einiger Zeit lese ich in meiner morgendlichen Andacht die Auslegungen von Thomas a Kempis aus seinem Buch „Über die Nachfolge". Ich bin so glücklich, dass ich in diesem alten, schon äußerlich recht schäbigen Büchlein reiche Schätze finde. Besonders werde ich darin zur Liebe ermutigt und lese mir zur Erbauung folgenden Abschnitt:

„Das äußere Werk ohne Liebe nützt nichts; was aber aus Liebe getan wird, wie klein und verachtet es auch sei, trägt reiche Frucht. Denn vor Gott wirkt die gute Absicht mehr als das äußere Werk, das einer tut.

Viel tut, wer viel liebt.

Viel tut, wer wohl tut.

Wohl tut, wer mehr der Gemeinschaft als dem eigenen Willen dient.

Oft scheint Liebe, was viel mehr fleischlicher Sinn ist; denn natürliche Neigung, eigener Wille, Hoffnung auf Lohn oder Liebe zur Bequemlichkeit sind uns selten fern.

Wer die wahre und vollkommene Liebe hat, sucht in keiner Sache sich selbst, sondern wünscht, dass alles zur Ehre Gottes geschieht.

Er beneidet keinen, weil er kein ausschließliches Vergnügen liebt, noch in sich selbst glücklich sein will, sondern über alles irdische Gut in Gott selig zu sein wünscht.

Niemandem schreibt er etwas als sein eigen zu, sondern führt es ganz auf Gott zurück, von dem alles Gute kommt, in dem endlich alle Heiligen mit reicher Frucht von ihrer Arbeit ruhen werden.

O, wer nur ein Fünklein dieser wahren Liebe hätte, der würde erkennen, dass alles Irdische voller Eitelkeit ist."

So bete ich mit diesem Mönch:

> „O du ewiges Licht, das alle geschaffenen
> Lichter an Klarheit übertrifft! Lass deinen
> Strahl in meine Seele blitzen und mein in-
> nerstes Herz durchdringen.
> Reinige, erfreue, erleuchte und belebe mei-
> nen Geist, dass er dir anhange mit jubeln-
> dem Entzücken. Amen!"

Traurigkeit an einem schönen Tag

Heute bin ich niedergeschlagen. In einer großen Stadt in Norddeutschland war ich zu Vorträgen eingeladen. Tüchtig hatte ich für diese acht Tage gearbeitet, um die Teilnehmer ins Wort Gottes mitzunehmen. Fröhlich war ich dann zu diesem Gästehaus gefahren. Aber nach einigen Tagen machte ich eine böse Entdeckung. Eine Dame hatte gleich mehrere Bücher gekauft und mir einen größeren Schein dafür gegeben. Aber als ich diesen in mein Portemonnaie legen wollte, konnte ich es nicht finden. Ich suchte überall danach und musste schließlich feststellen, dass es mir abhandengekommen war. Es waren wohl etwa 350 Euro darin. Noch nie bin ich auf Freizeiten bestohlen worden und ich wollte auch nicht meiner Traurigkeit Raum geben; denn jeden Tag musste ich aufs Podium steigen und Bibelarbeiten und Vorträge halten. Dazu brauchte ich eine fröhliche Ausstrahlung. Aber wenn ich abends schlafen ging, wurmte mich der

Verlust doch sehr. Es war mir heilsam, dass ich mich an ein Wort erinnern konnte, das ich früher mal mit meinem Mann in einer Notsituation erhalten hatte.

Wir waren mit unserem Hausbau in Bedrängnis geraten und hätten am 10. August 1000 DM zurückzahlen sollen. Aber wir hatten uns verrechnet und nun fehlte uns das Geld. Mein Vater hatte uns schon einmal ausgeholfen, doch wir wollten jetzt seine Liebe und Freundlichkeit nicht schon wieder ausnutzen. So machte ich meinem Mann den Vorschlag, den Betrag von unserem Missionsopfer zu nehmen und dies dann wieder später anzusparen. Aber mein Mann verwarf diesen Gedanken und sagte: „Was Gott gegeben ist, das ist gegeben. Das Geld für die Mission bleibt unangetastet auf diesem Sparbuch." Er selbst litt auch darunter, dass wir in einen solchen Engpass geraten waren. 1000 DM waren für ihn als Berufsanfänger sehr viel Geld.

Am Abend vertiefte er sich in Texte der Heiligen Schrift, während ich in die Bibelstunde ging. Wegen unserer kleinen Kinder musste immer einer von uns zu Hause bleiben. Als ich zurückkam, teilte er mir mit: „Lotte, ich bin soeben über unserem Problem zur Ruhe gekommen. Ich habe in 2. Chronik 25,9 gelesen: *Der Herr hat noch mehr, das er dir geben kann, denn dies.* Ich habe den Eindruck, dass Gott mir dieses Wort in meiner Notlage zuspricht. Nun bin ich gespannt, wie die Sache mit unserem Darlehen ausgehen wird."

Am nächsten Tag feierte mein Mann seinen 30. Geburtstag. Von meinem Vater erhielt er Glückwünsche auf einer Postkarte. Ganz am Rand stand dann noch ganz klein gedruckt folgende Mitteilung: „Karl-Heinz, wenn du Geld brauchst, dann melde dich. Ich habe für dich noch 1000 DM gespart." Als mein Mann mir dies vorlas, hätte ich vor Freude tanzen können. Gott hatte auf wunderbare Weise in unsere Notlage eingegriffen. Sein Wort aus dem Alten Testament hatte er erfüllt.

Natürlich weiß ich, dass ich nicht noch einmal solch ein Wunder erleben würde. Aber ist Gott nicht heute noch derselbe? In ihm kann ich geborgen sein und zur Ruhe finden. So betete ich: „Vater im Himmel, du kannst den Dieb willig machen, mir meine braune Ledertasche wieder zurückzusenden. Auf alle Fälle aber bitte ich dich: Segne diesen Menschen und begegne ihm, dass er bei dir Vergebung seiner Schuld sucht. Ich will ihm auch verzeihen."

So kam mein Herz bei Gott zur Ruhe.

Und Thomas a Kempis schreibt in seinem Buch „Nachfolge":

„Es ist nicht schwer, den menschlichen Trost gering zu achten, wenn der göttliche da ist. Groß, sehr groß ist beides, menschlichen und göttlichen Trost entbehren können und zur Ehre Gottes gern die Verlassenheit des Herzens ertragen wollen, ihn nicht bei sich selbst suchen, noch nach eigenem Verdienst trachten. Was ist es Großes, wenn du fröhlich und andächtig bist, wenn die Gnade dich heimsucht. Eine solche Stunde ist allen erwünscht. Und was Wunder, wenn der keine Last fühlt, der von dem Allmächtigen getragen und von dem höchsten Führer geleitet wird."

Außerdem telefonierte ich noch mit meinem Sohn. In Bad Sooden-Allendorf ist er junger Pfarrer. Nach unserer Reise fragte er mich, wie es uns ergangen sei. „Eigentlich ganz gut. Nur ein Missgeschick hat sich auf der Freizeit ereignet. Mir wurde das Geld, das so viel ausmacht wie meine Mütterrente und noch etwas mehr, entwendet. Das tut mir schon sehr leid."

Prompt antwortete mir Daniel: „Ach Mama, lass dich nicht durch diesen Geldverlust niederdrücken. Mir ist es ähnlich ergangen. Bei uns ins Pfarrhaus ist ein Dieb eingedrungen. Er hat meine wunderschöne Geldtasche geraubt mit etwa genauso viel Geld, wie dir gestohlen wurde. Darin hatte ich auch meinen Pass, den Führerschein und eine Reihe anderer wichtiger Dokumente. Das hat mich am meisten bekümmert. Aber stell dir vor: Als ich etwas später in die Kirche ging, die dicht neben unserem Pfarrhaus steht, fand ich die Geldtasche unter einem Sitzkissen. Die Moneten waren allerdings verschwunden. Die Papiere aber lagen alle noch darin. Da wurde ich recht froh, dass mir viel Lauferei bei den Behörden erspart geblieben war. Auch war ich glücklich, dass ich meine Geldtasche wieder erhalten hatte, denn sie war ein Geschenk von meiner Schwiegermutter. Mutti, ärgere dich nicht über diesen Diebstahl. Ich tue es auch nicht.

Dir wünsche ich Gottes Segen und frohen Mut zu all deinen Vorträgen."

Ich überlegte nicht lange und beschloss, Daniel eine Freude zu machen; denn er hatte mich sehr getröstet. Ich würde ihm ein Geldgeschenk zukommen lassen. Mit seinen drei Kindern wird er für die Urlaubszeit diese Gabe gut gebrauchen. Ich bin doch seine Mutter.

Ein besonderer Gottesdienst

Eben wollten wir in unser Auto steigen und in den Gottesdienst fahren. Da sah ich, dass in der Nacht ein paar Raufbolde unseren Garten verwüstet hatten. Einige Erdbeerpflanzen, an denen die Früchte gerade reif wurden, waren ausgerissen; ebenso auch einige Kartoffelstöcke. Eine Reihe Gemüsepflanzen waren zertreten. Es ist nicht erquicklich, die kleinen Kartoffeln im Land zerstreut liegen zu sehen, wo wir doch auf eine gute Ernte hofften. Außerdem wurde noch ein Teil von unserem Holz gestohlen, das im Garten aufgeschichtet lag. Wer mag das wohl getan haben?

Die Zerstörungswut dieser Burschen ärgerte mich schon. Mein Mann hatte sich mit seinen 86 Jahren gequält und alle Beete im Garten bepflanzt. Nun ist so viel zerwühlt.

Was mich beruhigte war die Tatsache, dass niemand von den Obdachlosen, die in unserem Hause wohnen, sich zu solchen Wutausbrüchen hinreißen lassen. Und außerdem barg dieser strahlende Sonntag noch so viele frohe Erwartungen. Mir war es eine Hilfe, wenn ich nach einem solchen Missgeschick Gott daran Anteil gab und für die Rabauken betete. Ein Segensspruch könnte auch für sie heilsam werden und sie zur Vernunft bringen. Später fanden wir dann auf einem Kinderspielplatz einen Aschehaufen mit einer Menge herumliegender kleiner Kartoffeln, die gegrillt werden sollten. Außerdem lagen dort auch die herausgerissenen Kohlrabi-, Kraut-, Salat- und Tomatenpflänzchen. Ärgern wollte ich mich nicht länger, denn mir war klar, dass ich mich auf meine neue Aufgabe am Schreibtisch konzentrieren musste; denn ich arbeitete gerade an einem neuen Buch. Aber doch würde ich für die jungen Kerle beten.

So fuhren wir mit unserem Auto zum Gottesdienst. Unterwegs luden wir noch eine junge Familie mit zwei Kindern in unsere Gemeinde ein. Da ich wusste, dass der Junge und das Mädchen noch klein waren, hatte ich vorher noch schnell für jeden ein Kuscheltier in eine Tüte gepackt. Diese Familie gehörte in ihrem Heimatland einer orthodoxen Kirche an. Herzlich wurden sie von unseren Gemeindegliedern willkommen geheißen. Wir saßen in der letzten Reihe, weil mein Mann und ich ihnen die Predigt ins Englische übersetzten. Auch am Abendmahl nahmen sie teil. Anschließend fuhren wir zu uns nach Hause, wo wir unsere Gäste zum Mittagessen einluden.

Mein Wunsch ist es, viele Menschen unter das Wort von Gott einzuladen und sie ins Boot Jesu Christi zu ziehen. So verlebten wir einen sehr schönen, sonnigen Nachmittag. Gegen Abend gelang es mir noch, zwei unserer Obdachlosen zur Verkündigung in unsere Landeskirchliche Gemeinschaft mitzunehmen. Um 18 Uhr gehen sie lieber mit uns in den Gottesdienst als am Vormittag, weil sie gern ausschlafen wollen. Einer von ihnen – er ist schon seit mehreren Jahren Alkoholiker – erzählte mir, dass er erst am Montag sein Geld für die kommende Woche erhielt und er im Augenblick total pleite sei. So bat ich beide nach der Evangeliumsstunde zu uns. Ich räumte meinen Kühlschrank aus und richtete ihnen einen voll gedeckten Tisch. Es war mir eine Lust, zu sehen, wie gut ihnen das Abendbrot schmeckte.

„Am Abend gehen wir gerne mit Ihnen zum Gottesdienst", ließen sie uns wissen.

Wenn unsere Mieter Wort halten und mitkommen, lade ich sie danach immer zum Essen ein. Es tut mir gut, wenn ich nicht nur mit meiner eigenen Familie in den Kirchenbänken sitze, sondern Freunde mitbringen kann. Dazu ermutigte mich auch der Wochenspruch aus Matthäus 11,28: „Kommt her zu mir alle, die ihr mühselig und beladen seid, ich will euch erquicken, sagt Jesus."

Ich weiß, dass meinen Gästen das Leben oft übel mitgespielt hat. Unsere syrischen Flüchtlinge vermissen ihre Heimat und leiden unter dem schrecklichen Kriegsgeschehen. Sie bangen um ihre Lieben, die sie in diesem so schlimm zerstörten Land haben zurücklassen müssen. Besonders der junge Mann aus Nepal, der Vater und Mutter verloren hat. Wenn er am Abend die Bilder von dem Erdbeben im Fernsehen sieht, wird er ganz traurig. Solch eine Katastrophe hat die Bevölkerung in seinem Heimatland noch nie erlebt. Es gibt Orte, da steht keine Hütte mehr, und alles ist dem Erdboden gleichgemacht. Oft können sie noch nicht einmal ihre Toten beerdigen, denn sie liegen unter hohen Trümmern begraben. Und meine beiden Obdachlosen sind traurig über ihr nicht zu verkraftendes Schicksal. Manfred, dem Älteren, schlug ich vor, doch eine Therapie zu machen, um von der Alkoholsucht loszukommen. „Ach, Frau Bormuth", sagte er mir mit wehem Blick, „ich habe schon so oft einen Anlauf genommen und bin dann auf halber Strecke liegen geblieben." Er ist ein so liebenswerter Mensch, und doch so elend dran, weil er so ohne Hoffnung in seiner Trunksucht lebt.

Mir geht das Leid dieses Mannes sehr nahe. Ich hoffe darauf, dass Gott ihn doch noch aus diesem Elend retten kann. Dafür bete ich. „Suchet mich, so werdet ihr leben, sagt Jesus." Aber wie lange muss ich noch darauf warten? Immerhin wohnt unser Freund schon über drei Jahre bei uns. Trotzdem: Nie will ich die Hoffnung für diesen so liebenswerten Menschen aufgeben.

Alexis Freiherr von Roenne

Alexis Freiherr von Roenne wurde am 12.2.1902 in Mitau im Baltikum geboren. Er gehörte auch in der Zeit des Zweiten Weltkriegs der Widerstandsgruppe um Helmut von Moltke an, der ja nach dem Attentat auf Hitler hingerichtet wurde. Aber auch Freiherr von Roenne war mit der Kriegsführung des Führers nicht einverstanden und lehnte sich gegen ihn auf, aber er wäre nie dazu bereit gewesen, Adolf Hitler zu töten. Das verbot ihm sein Christsein. Die Grunderfahrung seines Lebens lag in dem Wort: „Gott ist Liebe." Darin fand er alle Menschen eingeschlossen, auch die, deren Tun er nicht gutheißen konnte. Hatte nicht Jesus selbst gesagt: „Liebe deinen Nächsten wie dich selbst." So wusste er, dass man sogar seinen Feind lieben sollte.

Aber auf die oft grausamen Befehle Adolf Hitlers bei seinen Kriegen konnte er dem Führer auch nicht folgen. Er wusste sich selbst von Gott anerkannt, geführt und geliebt, und diese Erfahrung hat er in seinem

Leben erst zwei Monate vor seinem Märty-
rertod durch die Lebenshingabe an den Gekreuzigten machen dürfen. Er schreibt selbst
dazu:

„Dieser innerste und letzte Kern der Ein-
stellung unseres Gottes zu uns wird so oft
für unser Auge durch die Heiligkeit Gottes
verborgen, die ihn gegen alle Sünde Stellung
nehmen lässt. Wenn wir aber unser Herz
und Ohr seinem Wirken öffnen lassen, dann
sehen wir plötzlich, dass er den Kampf gegen
unsere eigene Sündhaftigkeit mit der aller-
größten Liebe führt, nur getragen von dem
Gedanken unserer Errettung, nicht unserer
Vernichtung. ... An den Anfang der Zeit
setzte der Herr ein Offenbarungserlebnis,
in dem er mir ganz frei und deutlich sagte:
‚Du musst jetzt sterben, aber ich werde bei
dir sein.‘ Tag und Ort sind mir noch ganz
gegenwärtig, sie lagen noch kurz außerhalb
meiner Gefangenschaft.“

Er ahnte, dass die Uhr seines Daseins immer schneller ablief. Zunächst aber führte er
in seiner Jugend ein recht oberflächliches Leben ohne die Bindung an Jesus. Aber dann
hörte er den Ruf Christi, warf sich vor ihm
auf die Knie und überantwortete ihm sein

Leben. Er erinnerte sich in der Zeit seiner Inhaftierung gerne an dieses wunderbare Ereignis und wurde von Jesus getröstet. Er erhielt Kraft, diese ungewissen und gefährlichen Tage tapfer durchzustehen. In den anfechtungsreichen Stunden, als er kurz danach durch den Vorsitzenden des Volksgerichtshofs Roland Freisler zum Tod durch den Strang verurteilt wurde, suchte er die Nähe Jesu intensiver durch das Gebet. Der Herr ließ ihn deutlich wissen: „Du musst jetzt sterben, aber ich werde immer bei dir sein."

Er las im Gefängnis die Bibel und entdeckte mehr und mehr die Wahrheit des Wortes Gottes. Die eindrucksvollsten Geschichten des Evangeliums waren für ihn die vom Verlorenen Sohn, von der kanaanäischen Frau und vom Sturm auf den Wellen, in denen Petrus zu sinken drohte.

Alexis Freiherr von Roenne stammte aus altem baltischem Adel. In seinem Elternhaus wurde er als Kind christlich erzogen und hörte die Geschichten von Jesus sehr früh. Aber seine persönliche Hingabe an ihn geschah erst kurz vor der Gefangennahme durch die Gestapo. Als junger Mann wurde er deutscher Offizier. In verhältnismäßig frühen Jahren ernannte ihn der Führer zum Oberst und Regimentskommandeur des Heeres. Politisch aber war er dem Nationalsozialismus stark abgeneigt, denn er erkannte sehr früh, in welche Kriegswirren Deutschland hineinsteuerte. Hitler war in seinen Augen ein Unglück für sein Heimatland, und diese Sicht der Dinge verband ihn auch mit den führenden Männern des politischen Widerstands. Aber aus Gewissensgründen lehnte er die Vorbereitung des Attentats auf den Führer ab. Und doch wurde er nach dem 20. Juli 1944 verhaftet und zum Tode verurteilt. Man stufte ihn als Mitläufer ein, und diese seine Gesinnung führte ihn zum Galgen.

Am Vorabend seiner Hinrichtung schrieb er an seine Mutter, die er sehr verehrte, dankende und tröstende Worte. Es ist kaum zu glauben, mit welch innerer Gelassenheit er diesen ergreifenden Brief verfasst hat. So ließ er der Mutter kurz vor seinem Ende mitteilen: „Reichere und innigere Liebe von seiner Mutter hat wohl nie ein Kind empfangen als dein Alexi."

Und die Botschaft an seine Frau lautete:

„Ich erwarte den Tod von Tag zu Tag – jetzt für morgen. Der Heiland hat in seiner grenzenlosen Gnade mich von allem Grauen frei gemacht. Ich bete und denke tagsüber ganz ruhig fast ausschließlich an ihn und natürlich auch an Euch, meine Allerliebsten. Noch schmeckt mir das Essen, und ich freue mich über jeden Sonnenstrahl, der in meine kleine Zelle fällt." Er ging auch früh zu Bett und betete immer vor dem Einschlafen. Sein Schlaf war gesund und fest. Er erwachte dankbar auch am Morgen seines letzten Tages betend und fühlte sich frei. Noch in seinen letzten Stunden fühlte er sich als ein glücklicher Mensch. Solch eine Haltung konnte er nur durch die Nähe seines Heilandes haben, der ihn keinen Augenblick aus den Augen verlor, sondern ihn fest umklammert in seinen Armen hielt. Er konnte die Schwere vor der scheußlichen Hinrichtung durch sein Vertrauen auf seinen Erlöser mannhaft durchstehen. Sein Glaube wurde durch nichts erschüttert. So blickte er seinem schimpflichen Ende wie ein Ritter ohne Furcht und Tadel entgegen und bat seinen Herrn, ihn stark zu machen, damit er sich auch im Leiden bewährte. Die Worte aus

dem Lied von Paul Gerhardt wurden ihm
zur festen Gewissheit:

„Wenn ich einmal soll scheiden,
so scheide nicht von mir.
Wenn ich den Tod erleide,
so tritt du dann herfür.
Wenn mir am allerbängsten
wird um das Herze sein,
so reiß mich aus den Ängsten
kraft deiner Angst und Pein."

Solch eine Haltung ist bewundernswert,
zeigt aber auch, wie stark der Trost Christi
in diesem jungen Mann Wurzeln geschlagen
hatte. Solch eine innere Bewahrung kann ein
Mensch nur im Aufblick zum Gekreuzigten
und Auferstandenen finden.

So kann nur ein treuer Sohn, liebender
Gatte und liebender Vater (er hatte zwei
kleine Töchter) seine letzten Worte zum
Ausdruck bringen und damit seiner Familie
Trost zusprechen.

In seinen Briefen finden sich noch nach
zweimonatiger Haft durch die Gestapo folgende Erfahrungen:

„Ich sehe seit Tagen stündlich der Abfahrt

zu raschem Heimgang völlig ruhig und frei entgegen, mit ganz stillen Gedanken und Puls. Ich habe die volle Zuversicht, dass das kurze, letzte Geschehen ebenso durchleuchtet sein wird von Jesu unbeschreiblicher Gnade. Ich trage in mir die Gewissheit, dass weder Tod noch Leben uns scheiden kann von der Liebe Gottes in Christo Jesu."

Schon lange vor seiner Haft, als ahnte er sein Dahinscheiden, hatte er in einem Brief an seine Ehefrau geschrieben: „In dieser so ernsten Zeit bin ich ganz und gar zurückgekehrt in die geöffneten Arme unseres Herrn und Heilands."

Als dann der Morgen kam, an dem die Hinrichtung vollzogen werden sollte, in diesem todernsten Augenblick, lauteten die letzten Worte an seine Frau: „Klammere dich nur an ihn, unseren Herrgott, und habe in ihm die volle Zuversicht: Er liebt dich. Der Herr lasse sein Angesicht leuchten über dir und den Kindern. Er führe auch euch heim."

Ein freudiges Ereignis

Vor einem dreiviertel Jahr rief mich eine Familie aus Schleswig-Holstein an. Sie war sehr betrübt. Ihre jüngste Tochter war behindert zur Welt gekommen, und das war natürlich ein Schock für die Eltern. Aber sie nahmen ihre kleine Inga aus Gottes Hand an und liebten sie innig. Die Kleine bereitete den Eltern viel Freude, denn es war ein ausgesprochen fröhliches Kind. Als Inga sechs Jahre wurde, konnte sie eine Schule für Behinderte besuchen und lernte sogar lesen, schreiben und auch rechnen. Alles hätte so positiv weitergehen können, wäre dem Mädchen nicht eine neue Lehrerin zugeteilt worden. Diese zeigte wenig Verständnis für Inga und fühlte sich total überfordert. Es fehlte ihr die Geduld für diese behinderte Schülerin, bei der das Lernen nur ganz langsam Fortschritte machte. Für das Mädchen begann eine kummervolle Zeit und schließlich weigerte es sich, weiter in die Schule zu gehen.

Auch die Mutter war unglücklich über diese negative Entwicklung und die Eltern versuchten ihr Kind in einer anderen Einrichtung unterzubringen, was auch gelang. So erzählte mir Frau Hoffmann ihre Not. Ich versprach, für Inga zu beten, und bemühte mich auch herauszufinden, wo es eine bessere Möglichkeit für dieses Mädchen gab. Jesus würde sicher einen guten Weg für dieses liebenswerte Schätzchen finden, denn er ist ja der beste Kinderfreund. Gerade die Kranken und Behinderten sind seine Lieblinge. Wurde er nicht über seine Jünger böse, als sie die Kleinen von ihm abweisen wollten?

Aber diese Familie hatte noch einen anderen Kummer, der sie schwer bedrückte. Acht Jahre war die ältere Tochter schon verheiratet, aber der erwünschte Kindersegen wollte sich nicht einstellen. Monat für Monat warteten sie vergeblich, und das zehrte bei allen an der Nervenkraft. Sie überlegten schon, ob sie nicht einen kleinen Jungen adoptieren sollten. Ich sagte Frau Hoffmann zu, dass ich mir ihre Sorge auf mein betendes Herz nehmen würde. Er könnte diese junge Ehe mit der Gabe eines Kindes segnen. So faltete ich in diesem Telefonat meine Hände und vertraute meinem Herrn diesen Schmerz an.

Heute rief mich Frau Hoffman wieder an.

Schon am Klang ihrer Stimme merkte ich, dass sie mich mit einer glücklichen Botschaft überraschen wollte. „Frau Bormuth, ein Wunder ist geschehen. Stellen Sie sich vor, unsere Claudia ist guter Hoffnung. Fast haben wir nicht mehr geglaubt, dass unsere Tochter mit einem Baby beglückt werden könnte. Und nun ist es doch wahr geworden. Soll ich Ihnen erzählen, wie dies geschehen ist? Unser Schwiegersohn – er ist ein sehr geschickter Handwerker – hat nach einer ersten Absage doch eine Baugenehmigung erhalten. Sie durften sich aus einer alten Scheune ein Wohnhaus errichten. Fast alles konnte er mit seinen Bekannten und Freunden selbst erstellen. Nur für das Dach, die Elektrik und die Zentralheizung brauchte er Firmen. Aber leider passierte ihm bei den Arbeiten ein Unfall. Die Verletzung war nicht lebensbedrohlich, aber unser Schwiegersohn wurde in die Klinik eingewiesen und einer Operation unterzogen. Bei diesem operativen Eingriff entdeckte der Chirurg, dass seine Samenstränge verstopft waren. Dieses Leiden konnte der Arzt beheben und dem jungen Ehemann Hoffnung machen, dass sich nun vielleicht doch der Kindersegen einstellen könnte. Nach der Entlassung aus der Klinik fuhr das junge Paar zum Genesungsurlaub in die Schweiz. Nach etwa drei Monaten kam unsere Tochter zu mir in die Küche und rief freudestrahlend aus: ,Mama, stell dir vor, du wirst Oma. Ich bin schwanger, und zu Weihnachten werden wir unser Baby neben den Christbaum stellen. Ich bin überglücklich. Nun kannst du beginnen, Jäckchen zu stricken und Hemdchen für unseren süßen Schatz zu nähen.'

Wir lagen uns in den Armen und Freudentränen liefen mir über die Wangen. So lange hatten wir schon auf diesen Augenblick gewartet. Frau Bormuth, ich möchte Ihnen für Ihre Gebete danken. Falten Sie weiter Ihre Hände für uns. Sobald das Kind geboren ist, rufe ich Sie wieder an."

Diese Nachricht machte mich zutiefst froh und ich schlug die Bibelstelle auf, in der es heißt: „Ich will ihre Trauer in Freude verkehren und sie trösten und erfreuen nach ihrer Betrübnis" (Jeremia 31,13).

Und während ich dieses glückliche Erlebnis niederschrieb, wollte sich ein Schatten auf mein Herz legen. Denn nicht immer erhörte Gott mein Gebet in solch ermutigenden Beweisen. Seit zwei Jahren betete ich für den Freund unseres Sohnes. Mit Thorsten (der Name ist geändert) wurde unser Daniel in die erste Klasse eingeschult. Es entwickelte sich eine herzliche Freundschaft mit ihm. Die beiden verbrachten die Nachmittage bei frohem Spiel. Wenn am Abend die Mannschaft von Bayern München ihre Siege feierte, schaute auch Thorsten bei uns diese Sportsendungen.

Ich war immer froh, dass wir im eigenen Haus wohnten, denn wenn ein Tor für die Bayern fiel und die Stürmer der Gegenmannschaft ausgetrickst wurden, gab es ein lautes Hallo und Klatschen. Und wenn Olli Kahn ein Gegentor verhinderte und den Ball wieder geschickt weit ins Feld schoss, dann hopsten die Jungen sogar schwungvoll vom Sofa herunter und ein lautes Gedröhn schallte durch unser Haus. Einmal nahm die Familie von Thorsten unseren Sohn sogar in die Ferien mit nach Frankreich. Thorsten war das einzige Kind seiner Eltern und hatte nun einen Spielkameraden zum Tennisspiel am Strand. Vergnügt tummelten sich beide Freunde auch im Meer. Für unseren Vierzehnjährigen war dies ein großartiges Erleben.

Bei jedem Ereignis, das wir in der Familie feierten, ob es nun Taufe, Hochzeit, Geburtstag oder Ehejubiläum war, saß Thorsten mit an unserer Festtafel. Im Backen wurde ich mit der Zeit Meister und die süßesten Torten standen auf dem Tisch. So verlebten die beiden Freunde eine wunderbare Schulzeit.

Thorsten war einer der Besten in der Klasse, und unser Sohn war traurig, als sich ihre Wege nach dem Abitur trennten. Thorsten studierte Volkswirtschaft und promovierte sogar mit dem Abschluss „summa cum laude". Das ist die höchste Bewertung, die man bei einer Promotion erhalten kann. In München erhielt er auch bei einem renommierten Unternehmen eine hervorragende Stelle.

Während seines Studiums lernte er eine reizende Studentin kennen, die er auch heiratete. Natürlich wurde auch unser Daniel zu seiner Hochzeit eingeladen. Aber nach recht kurzer Zeit traf eine erschreckende Nachricht bei uns ein. Thorsten erlitt eine gefährliche Muskelerkrankung und lag für längere Zeit in der Klinik. Wir beteten und hofften auf Heilung. Zwischendurch konnte er sein Patientenzimmer für einige Wochen verlassen, dann aber trat ein neuer Schub auf und Thorsten musste wieder in die Klinik. Es war ein Auf und Ab und oft bangten wir um sein Leben. Jedes Vierteljahr besuchte unser Sohn seinen Freund. Die Aussicht, dass es ihm besser ginge und er wieder gesund würde, erfüllte sich nicht. Einmal durfte er zwar für kurze Zeit noch einmal an seinen Arbeitsplatz gehen, dann aber erlebte er einen bedrohlichen Rückfall. Beim letzten Besuch in der Klinik kam unser Sohn tief bekümmert aus München zurück. „Mutti, mit Thorsten konnte ich kein Wort mehr reden. Er sieht elend aus. Ich glaube, er hat mich nicht mehr erkannt."

Auch mich bedrückte diese Nachricht schwer. Nach Aussage der Ärzte ist Thorsten austherapiert und eine Heilung ist nicht mehr zu erwarten. Mich bewegt das Schicksal des hochtalentierten jungen Menschen. Fast täglich falte ich meine Hände für ihn. Ich bin mir bewusst: Gottes Wege sind heilig und für uns Menschen unergründbar. Aber eines tröstet mich: Niemand kann tiefer fallen als in Gottes Hand.

Ein erschreckender Telefonanruf

Heute rief mich Manuela gleich viermal an. Unter diesem Namen meldete sie sich bei mir. Mehr wollte sie zu ihrer Person nicht sagen. Das habe ich auch gerne akzeptiert. Es muss sich der Stimme nach um eine noch jüngere Frau gehandelt haben. Manuela war schrecklich traurig. Sie weinte so sehr, dass ich Mühe hatte, ihre Worte zu verstehen. Erst nach und nach beruhigte sie sich ein wenig. Ein Streit mit ihrem Sohn vor der Abschlussfeier des Abiturs war der Anlass. Er hatte die Tanzveranstaltung nach der Auseinandersetzung stehenden Fußes wieder verlassen. Die heftigen Vorwürfe seiner Mutter hatten ihm sein Fest zu einem riesigen Dilemma werden lassen. Tags darauf wollte der angehende Student ihr alle harten Worte verzeihen und sich mit seiner Mutter wieder versöhnen. Aber es fiel ihr schwer, die Vergebung anzunehmen. Sie klagte durchs Telefon: „In meiner Familie gibt es viel Zank und Streit, mal mit meinen Kindern, mal mit meinem Mann. Wenn ich doch nur geduldiger wäre."

Ich versuchte sie zu beruhigen: „Nun wischen Sie sich erst einmal die Tränen aus Ihren Augen. Sie sollten die Vergebung annehmen. Gott verzeiht uns ja auch alle Schuld. Bei mir vergeht kaum ein Tag, an dem ich nicht meinen Herrn bitten muss: ‚Vater im Himmel, bitte vergib mit meine Ungeduld, hilf mir, dass ich verschont bleibe von übler Nachrede. Schenk mir gute Gedanken über meinen Nächsten in der Familie und auch in der Gemeinde. Lehre mich ruhig zu bleiben, wenn ich angegriffen werde, und vor allen Dingen will ich meinen Mann lieben und ihn wertschätzen. 58 Jahre sind wir nun verheiratet, und Gott hat uns mit unseren fünf Kindern und fünf Schwiegerkindern sehr beglückt. Hilf mir, dass ich meine 17 Enkel und auch den kleinen Urenkel immer im Auge und vor allem in meinem Herzen behalte und allen viel Gutes tue. Führe mich auch nicht in Versuchung!‘ Das ist die häufigste Bitte aus dem Vaterunser, die ich aussprechen muss.

Manuela, denken Sie immer daran: wir sind nicht vollkommen. Für mich gilt oft das Wort: ‚Das Gute, das ich tun will, tue ich nicht; aber das Böse, das ich nicht tun will, das tue ich.‘ So will ich bei Jesus Lernende bleiben und bei jedem Fehltritt, der mir bewusst wird, auch um Verzeihung bitten. In der Bibel steht das Wort, dass der Herr uns sogar die noch unerkannten Sünden vergeben möchte. Manuela, hören Sie jetzt bitte auf zu weinen. Auch Ihnen gilt Gottes großes Verzeihen. Er rechnet uns unsere Schuld nicht zu, wenn wir uns ihm in Reue zuwenden. Nehmen Sie diese unbegreifliche Liebe an, denn nur so können Sie mit Ihrer Familie in Frieden leben."

„Ja, ja", schluchzte sie, „Frau Bormuth, Sie haben recht. Aber es ist alles nicht so leicht im Leben."

„Manuela, das weiß ich aus eigener bitterer Erfahrung. Wenn alles so schön und in Ordnung wäre, brauchten wir keinen Erlöser und starken Freund an unserer Seite. Manchmal hindert uns der Stolz, demütig vor unserem Herrn zu stehen. Lassen Sie jetzt Ihrer Trauer keinen Raum mehr in Ihrem Innern und freuen Sie sich daran, dass Sie von Gott geliebt sind. Jesus will unser treuester Erlöser sein, und mit ihm können Sie in Ihrer Familie glücklich leben. Würden Sie mir erlauben, dass ich noch ein Gebet mit Ihnen spreche?"

Ein zaghaftes Ja kam über ihre Lippen. So rief ich den Namen meines Herrn an und war guter Zuversicht, dass er diese traurige Mutter fest in seine Arme schloss und ihr Trauern in Freude verwandelte.

Etwa ein halbes Jahr später begegnete mir diese Mutter bei einem Frauenfrühstück, das ich in ihrer Nähe hielt. „Ich bin die Manuela und freue mich, Ihnen zu begegnen." Mit festem Griff umarmte sie mich.

„Es freut mich, Sie persönlich kennenzulernen."

„Frau Bormuth, ich habe alle Ihre guten Ratschläge befolgt und es geht mir jetzt viel besser. Danke, vielen Dank für das Gespräch am Telefon."

Fest drückte ich ihre Hand und sah in ihre glücklichen Augen. Gottes großes Verzeihen hat immer verwandelnde Kraft, musste ich denken und freute mich.

Ein entsetzliches Verbrechen

Schreckliches hat sich in Charleston im Staat North Carolina zugetragen. Nicht nur in Amerika, sondern auch in vielen Teilen der Welt sind die Menschen erschüttert. Da kommt ein junger Mann von 21 Jahren in die methodistische Kirche zum Abendgebet und keiner der dunkelhäutigen Gläubigen ahnt etwas von diesem scheußlichen Verbrechen, das sich in kurzer Zeit ereignen wird. Knapp eine Stunde sitzt er in den Reihen der Christen, die sich über einen neuen Gast in ihrer Mitte freuen. Dann steht er plötzlich auf und schießt gezielt auf die Gottesdienstbesucher. Danach flüchtet er. Neun Menschen fallen diesem Massaker zum Opfer, drei Männer und sechs Frauen. Darunter sind auch der 43-jährige Geistliche der Gemeinde und seine Schwester. Durch seine ermutigende und vollmächtige Verkündigung – er ist selbst ein Afroamerikaner – ist er weithin bekannt. Eine Frau lässt der Todesschütze bewusst am Leben, damit diese als Augenzeugin später über seine „Heldentat" berichten kann.

Die Gläubigen können diese abscheuliche Tat, die von entsetzlichem Hass geprägt ist, nicht begreifen. Sein Name ist Dylann Storm Roofs. Kurz darauf wird dann in verschiedenen Zeitungen, auch im Ausland, das Foto des Amokschützen veröffentlicht. Der blonde Jugendliche mit dem Tophaarschnitt trägt ein Jackett, auf dem die Flaggen der ehemaligen Apartheidstaaten von Südafrika und Rhodesien zu sehen sind. Roofs hat es sich fest zum Ziel gesetzt, Schwarze umzubringen. Zu seinem 21. Geburtstag hat ihm sein Vater die Handfeuerwaffe vom Kaliber 45 geschenkt. Und nun sind seine Eltern am Boden zerstört und begreifen nicht, wie ihr Sohn sie zu solch einer menschenverachtenden Tat hat benutzen können. Ihnen fehlen die Worte und sie sind zutiefst verzweifelt.

Die Familie des mutmaßlichen Todesschützen äußert ihr Beileid für die Angehörigen der Toten. „Wir sind bestürzt und traurig", schreiben sie in einem Brief, der in einer Lokalzeitung veröffentlich wird. Worte können den Schock und die Trauer nicht ausdrücken.

Dylann Storm Roofs, ein Amerikaner mit weißer Hautfarbe, will mit seinem Angriff auf eine der ältesten Kirchen der Afroamerikaner einen Rassenkrieg, wie er selbst sagt, anzetteln. Das ist keine fixe Idee eines einsamen Irren, sondern dahinter verbirgt sich das ideologische Leitmotiv der Rechtsradikalen, wie es auch in den USA zu finden ist. Der Gründer dieser Organisation, William Pierce, hat 1978 unter dem Pseudonym Andrew MacDonald ein Buch mit dem Titel „The Turner Diaries" veröffentlicht, das sich in Amerika über eine halbe Million Mal verkauft hat. Durch die Hetzkampagnen, die in diesem Buch zum Ausdruck kommen, wurden Hass und mörderisches Tun gesät, was sich vor allem junge Menschen zu eigen machten. Damit wollte Pierce erreichen, dass sich terroristische Zellen wie auch Einzelne zu solch vernichtendem Tun begeistern lassen. Er wollte einen Rassenkrieg in Gang setzen und damit gegen die Schwarzen kämpfen, in deren Kirchen auch schon Martin Luther King gepredigt hatte.

Aufgrund von Überwachungsbildern aus der Kirche kann der Mörder 400 Kilometer weiter bei einer Verkehrskontrolle festgenommen und in ein Gefängnis gebracht werden. In seinem Auto findet man eine

Waffe, die aber noch als Tatwaffe identifiziert werden muss. Einen Tag später wird landesweit ein Fahndungsfoto von Roofs veröffentlicht. An seiner Tat besteht kein Zweifel, zumal er sie auch selbst zugibt. Er wird als Mörder überführt und dem Haftrichter vorgeführt. Mit regungsloser Miene erscheint er in abgetragenen Gefängniskleidern und von zwei schwer bewaffneten Wachen umringt im Gericht. Er verfolgt die kurze Befragung ohne Anteilnahme. Ihm werden neunfacher Mord vorgeworfen und Waffenbesitz zur Durchführung eines Verbrechens.

Bei diesem Verhör können sich auch Angehörige der getöteten Christen zu Wort melden, was sonst in Amerika ungewöhnlich ist, wenn der Beschuldigte zum ersten Mal vor einem Gericht befragt wird. Die Aussagen dieser Christen können über das Radio mitverfolgt werden. So sagt eine Mutter, die ein Kind verloren hat. „Ich habe dich in unserer Gemeinde mit offenen Armen empfangen und mich sehr gefreut, dass du zu uns gekommen bist. Ich bin bereit, dir deine mörderische Tat zu vergeben. Nun ist es meine Bitte zu Gott, dass er dir auch deine Schuld vergibt und du in seinen offenen Armen Aufnahme findest."

Mehrere Angehörige melden sich mit ähnlichen Aussagen zu Wort. Sollte der junge Mann verurteilt werden, dann droht ihm die Todesstrafe. Nach bisherigen Erkenntnissen hat eine Frau, die Verwandte eines Getöteten, noch versucht, ihn vom Morden abzubringen. Er habe ihr aber entgegnet: „Nein! Denn ihr habt unsere Frauen vergewaltigt und übernehmt die Macht in unserem Land. Ich muss tun, was ich tun muss."

Die Erschossenen sind im Alter von 26 bis 87 Jahren. Die Stadt Charleston veranstaltet einige Tage danach eine Trauerfeier und lädt zum Gebet für die Opfer ihrer Bürger ein. Einige halten Plakate in die Höhe, auf denen steht: „Das Leben von Schwarzen zählt!" und „Hört auf, Schwarze zu töten!"

Etwa eine Woche nach dem schrecklichen Massaker in der Methodistenkirche werden die ersten beiden Todesopfer beigesetzt. In dieser Beerdigungsfeier, zu der mehr als tausend Menschen erscheinen, sagt der Enkel der getöteten siebzigjährigen Ethel Lance: „Meine Großmutter war das Opfer von Hass, aber sie kann zu einem Symbol der Liebe werden. Gott möge der Seele des Schützen gnädig sein."

Die Bereitschaft der schwarzen Christen zu vergeben, ist für uns alle ein Vorbild.

Die Teilnehmer der Feier fassen sich an den Händen, um ihre Verbundenheit auszudrücken, und viele weinen auch. Gemeinsam singen sie die Hymne „We shall overcome (Wir werden überwinden)."

Auf der Trauerfeier erklären Vertreter von Charleston: „Diese Bluttat darf uns nicht spalten. Wir sind heute Abend hier aus Liebe zu Gott, den Menschen und zum Gebet zusammengekommen."

Und die Worte des Bürgermeisters Joseph Riley lauten: „Unsere Herzen sind gebrochen. Wir haben einen nie gekannten Schmerz erlitten."

Aus allen Kirchen und Denominationen sind die Trauernden gekommen.

Auch Barack Obama ist mit seiner Frau, die den getöteten Pfarrer gekannt hat, zu einer anderen Feier nach Charleston gekommen. Er sagt: „Nun steht es in unserer Macht, gegen solche Gräueltaten anzugehen und solche Massaker zu verhindern. Wieder einmal hat es der mutmaßliche Täter zu leicht gehabt, an eine Schusswaffe zu kommen." Er fordert eine Verschärfung der Waffengesetze; denn eine Tat wie in Charleston verbreite Angst und Schrecken in den schwarzen Gemeinden. Auch die republikanische Gouverneurin von South Carolina äußert sich zu dieser scheußlichen Bluttat:

„Das Verbrechen hat das Herz und die Seele unseres Bundesstaates getroffen."

Zum Schluss stimmt Obama noch das Lied „Amazing Grace" an und alle fallen ein:

O Gnade Gottes, wunderbar
hast du errettet mich.
Ich war verloren ganz und gar,
war blind, jetzt sehe ich.

Die Gnade hat mich Furcht gelehrt
und auch von Furcht befreit,
seitdem ich mich zu Gott bekehrt
bis hin zur Herrlichkeit.

Durch Schwierigkeiten mancher Art
wurd' ich ja schon geführt,
doch hat die Gnade mich bewahrt,
die Ehre Gott gebührt.

Wenn wir zehntausend Jahre sind
in seiner Herrlichkeit,
mein Herz noch von der Gnade singt
wie in der ersten Zeit.

Der junge Mann mit der Mundharmonika

Heute hat mir ein Lehrer aus Niesky in der Oberlausitz von Michael Hirte erzählt. Er ist begeistert von dem „Mann mit der Mundharmonika", wie er genannt wird. Bei der Castingshow „Das Supertalent" wurde er mit seinem Lied „Ave Maria" zum Sieger gekürt. Der Fernsehsender RTL hat darüber berichtet.

Geboren wurde Michael Hirte am 10. Oktober 1964 in Spremberg und wuchs in Lübbenau im Spreewald auf. Von Beruf war er Lastkraftfahrer, erlitt aber 1991 einen bedrohlichen Unfall. Doch Gott hat über seinem Leben gewacht, sodass er nach einer längeren Zeit aus dem Koma wieder zurück ins Dasein fand. Leider blieben schwere Schädigungen zurück. So erblindete er auf dem rechten Auge und auch ein Bein blieb steif. Nach seiner Genesung verlor er seinen Arbeitsplatz. Und doch fand er aus seinem Elend heraus.

Seine Karriere begann er recht früh, als

ihm mit acht Jahren eine Mundharmonika in die Hand gedrückt wurde. Schon nach einer halben Stunde spielte er sein erstes Lied, allerdings nicht ganz fehlerfrei. Alle Anwesenden waren von seinem Können überzeugt und schenkten ihm das Instrument. Die Musik erfreute ihn, und so übte er immer in seiner Freizeit auf seiner geliebten Mundharmonika. In der Zeit nach seinem Unfall suchte er nach einer Möglichkeit, wie er seinen kargen Lohn als Hartz-IV-Empfänger aufbessern könnte.

So begann er, in der Fußgängerzone von Potsdam Straßenmusikant zu werden. Dabei landete manches Geldstück in seinem Hut und sein Lebensstandard verbesserte sich; denn viele Menschen blieben bei ihm stehen und lauschten auf sein Können. Diese Anerkennung half ihm, sein nicht leichtes Leben zu ertragen.

Erst als er die Castingshow gewann, erhielt er neue Aufträge und konnte mehrere Alben herausbringen. Sein Dasein nahm nun einen anderen Verlauf. Am 19. September 2010 überreichte ihm Dieter Bohlen beim Finale der vierten Staffel von „Das Supertalent" eine fünffache Platinplatte. Am 13. Oktober

2012 lernte er seine Frau kennen. Bei ihm war es Liebe auf den ersten Blick, als er seiner Jenny einen Heiratsantrag machte. Nach seinem Auftritt als Supertalent bei RTL verbesserte sich seine finanzielle Lage merklich.

Das Schönste aber war seine Begegnung mit Christus, ein frohes Ereignis in seinem Dasein. Er lernte Jesus Christus kennen und übereignete ihm sein Leben. Im Jahr 2000 ließ er sich in der Baptistengemeinde in Potsdam taufen und erfuhr in den Gottesdiensten die neue Gemeinschaft mit gläubigen Christen als die wunderbarste Seite in seinem Alltag. Er schrieb seine Autobiografie „Der Mann mit der Mundharmonika", die zu einem Bestseller wurde.

Michael Hirte war von Natur aus recht schüchtern. Erst in seiner gefühlvollen Musik merkten die Menschen, was an Gaben in ihm steckte. Die Mundharmonika und er waren zu einem vollendeten Paar zusammengeschmiedet worden. Damit lobten sie Gott.

Ich will zu meinem Vater!

Im Urlaub fuhren unsere Kinder ans Meer nach Kroatien. In einer Ferienwohnung verlebten sie 14 Tage der Erholung. Die Kleinen lernten schwimmen und die Großen saßen in der Sonne am Strand und nutzten die Zeit, ihre mitgebrachten Bücher zu lesen, sich aber auch auszuruhen und neue Kräfte zu sammeln. Als auf dem Gang zum Meer unser Sohn an einem Obstkiosk stehen blieb und Trauben, Äpfel und Feigen kaufte, stand sein Ältester neben ihm und beobachtete das lustige Treiben der vielen Kinder am Strand. Dabei verlor er seinen Vater ganz aus den Augen, der inzwischen seinen Kauf getätigt hatte und weitergegangen war.

Plötzlich merkte der Sechsjährige, dass sein Vater nicht mehr neben ihm stand. Er schaute nach rechts, er schaute nach links, konnte aber Vaters Strohhut nirgends entdecken. Der Vater war, nachdem er sein Obst bezahlt hatte, weitergegangen in dem Gedanken, dass sein Sohn hinter ihm her trottete. Nirgends konnte der kleine Oskar seinen Papa entdecken, nur Menschen mit verschiedener Hautfarbe und aus anderen Ländern begegneten ihm. Es wimmelte nur so von Urlaubern jetzt in der heißen Sommerzeit.

Angst überfiel den süßen Schatz. Es gibt für ein Kind nichts Schlimmeres, als im Gewirr vieler Fremder seinen Vater zu verlieren. In seiner Not ging Oskar auf einen Mann zu und sagte zu ihm mit weinerlichem Ton: „Lieber Herr, Sie verstehen meine Sprache nicht, aber vielleicht können Sie mir doch sagen, wie ich meinen Papa wiederfinden kann."

Zum Glück sprach der ältere Mann doch etwas deutsch. Er hob unseren Enkel auf die Schulter, damit er besser sehen konnte, wo sein Vater geblieben war. Aber unter den vielen Strandurlaubern konnte er seinen Papa nicht entdecken. Da nahm der Fremde Oskar an die Hand und ging mit dem Jungen Richtung Meer. „Wir werden deinen Vati bald finden." Das tröstete den kleinen Kerl, und sein Weinen verstummte.

Inzwischen hatte auch unser Sohn gemerkt, dass ihm sein Sechsjähriger abhanden gekommen war. Ein Schrecken überfiel ihn und er lief den Weg Richtung Obststand zurück. Es gibt nichts Furchtbareres, als ein kleines Kind aus den Augen zu verlieren. Plötzlich entdeckte er das rote Hütchen seines Sohnes. Schnellen Schrittes lief er auf ihn zu. Auch Oskar hatte jetzt seinen Vater gesehen. Er ließ die Hand des Fremden los und rannte, so schnell ihn seine Füßchen tragen konnten, seinem Papa entgegen, fiel ihm in die Arme und schluchzte befreit auf. „Papa, da bist du ja!" Dabei rollten ihm die Tränen über die Wangen. Nun war für das Kind der schönste Augenblick dieses Tages gekommen. Es hatte seinen Vater wiedergefunden.

Dieses kurze Erlebnis erinnert mich an die Geschichte „Vom verlorenen Sohn" aus dem Neuen Testament. Für mich erzählt sie von einem ergreifenden Geschehen, das Jesus uns als Sinnbild für die Liebe unseres himmlischen Vaters berichtet hat. Es handelt auch von einem Vater und seinem verlorenen Sohn.

Reich war der Vater, sehr reich sogar. Eines Tages kommt der Jüngere zu ihm und bittet ihn, ihm sein Erbe auszuzahlen. Der Sohn fühlt sich nicht mehr wohl im Hause seines

Vaters. Er will die Bevormundung und Reden des Alten nicht länger ertragen. Freiheit will er haben und merkt gar nicht, dass der Vater es gut mit ihm meint und ihm Grenzen setzt. Er soll nicht Knecht seiner Triebe werden, nicht Sklave seines Geltungsbedürfnisses, seiner Sucht nach dem Geld und einem ausschweifenden Leben. Der Sohn merkt nicht, dass hinter den Geboten, die ihm der Vater auferlegt, im Grunde seine Liebe steht, die ihn vor bösem und verwerflichem Tun bewahren soll. Doch im Inneren grollt der Sohn dem Vater. Er will die Einengung loswerden. Wahrscheinlich hat er Angst, er könnte etwas versäumen und im Leben zu kurz kommen. Und während er dem nachsinnt, erscheint ihm wieder und wieder das Antlitz seines Vaters vor Augen. Obwohl er meint, er bejahe nun das Leben, wenn er sich vom Vater lossagen will, so spürt er doch insgeheim, dass das Antlitz des Vaters ihn verklagen muss. Aber so schnell gibt er seine Pläne nicht auf.

„Nur einmal will ich die Freiheit ausprobieren, will mich austoben, einmal einen Rausch haben. Das muss mir doch auch mal gestattet sein. Danach will ich ja wieder zurückkommen auf den Hof des Vaters. Ich weiß doch, dass man irgendwo zu Hause sein muss und dass man sich nicht von seinen Wurzeln losreißen soll. Aber jetzt will ich einmal in vollem Maße mein Leben genießen."

Er will also kein Lump werden, sondern nur ein junger Mensch, der sich alle seine Wünsche erfüllt. Es ist im Grunde ein unverschämtes Verlangen, vor seinen Vater hinzutreten und sich das Erbe vorzeitig auszahlen zu lassen. Erstaunlicherweise lässt sich sein Vater auf diesen Deal ein und übergibt dem Sohn seinen Anteil.

Gutgelaunt, ja übermütig zieht der Sohn mit seinen Taschen voller Geld in die Fremde. In vollen Zügen will er jetzt seine Jugend auskosten. Aber zugleich fragt sich der Vater: Wie werde ich meinen Sohn wiedersehen? Kommt er noch einmal nach Hause?

Der Sohn aber, von vielen angeblichen Freunden umringt, feiert eine Party nach der anderen. Viel zu spät merkt er, wie er sein großes Vermögen unter den Hammer bringt. Seine Taschen werden immer leerer, bis er sich eines Tages eingestehen muss: „Ich bin am Ende. Ich habe auf zu großem Fuß gelebt und vergessen, dass alles, was ich hatte, nur geschenkt war: mein Leib, meine Gesundheit, meine Klugheit, mein Vermögen."

Die Gaben seines Lebens hat er verprasst, ohne in Dankbarkeit an seinen Vater zu denken. So trottet er auf den endlosen Straßen dahin, weil er die Türen und die Fenster seines Vaterhauses nicht mehr sieht. Je unglücklicher und verlorener er sich fühlt, umso mehr feiert er, bis ihm alles unter den Händen zerronnen ist. Er fühlt sich nun wie mit Ketten gebunden.

Schließlich muss er sich bei einem Bauern verdingen. Der einst reiche Sohn verbringt jetzt seine Zeit bei den Schweinen im Stall, und am Schweinetrog bleibt ihm nur ein bitteres Lachen. Von seinen früheren Freunden hört und sieht er nichts mehr. Die Loslösung vom Vaterhaus ist ihm zum Verhängnis geworden. Er gerät in eine große Krise und ekelt sich vor sich selbst. Er sieht auf seine leeren Hände und wird sich bewusst, dass ihm nichts von seinem Reichtum geblieben ist. Und doch bleibt ihm eins. Er blickt noch einmal zurück in die Augen seines Vaters. Traurig hatten sie ihn angeschaut, als er – das Erbe in der Tasche – von zu Hause loszog. Er weiß, dass der Vater auf ihn wartet. Diese Erinnerung ist ihm geblieben.

Die Liebe prägt immer tiefe Spuren in unserem Leben. Sie ist das Heilmittel für unsere zerrüttete Seele. Nie brauchen wir vergessen, dass wir einen Vater im Himmel haben, der uns fest in seinen Armen halten möchte und ein Ziel für uns ersehen hat. Das Heimweh packt den verkommenen Sohn. Innerlich sieht er seinen Vater vor sich und denkt: „Wie viele Tagelöhner hat mein Vater, die Brot die Fülle haben. Ihnen geht es gut, ich aber komme hier bei meinen Schweinen um. Mein Elend ist nicht auszuloten. Ich habe kein Dach mehr über dem Kopf. Meine Kleider stinken, ich leide Hunger, und mein eigennütziges, hochmütiges Verhalten steht mir vor Augen. Ich bin in dieser Welt rettungslos verloren, wenn ich mich nicht aufmache und zu meinem Vater gehe. Ich will meinem Vater sagen: ‚Vor dir bin ich schuldig geworden. Ich habe alles verprasst, was du mir gegeben hast. Mir geht es schlecht, und ich verhungere fast. Vater, bitte vergib mir meine Schuld.‘"

Wer so bußfertig vor dem Vater steht, wird von der Freude erfasst, dass keiner ein

Fremder bleiben muss, sondern wieder zurückkommen darf.

Und dann trifft der verlorene Sohn die beste Entscheidung seines Lebens. Er macht sich auf den Weg heim zu seinem Vater. Immer schneller werden seine Schritte und immer stärker schlägt sein Herz. Und dann kommt er um die letzte Wegbiegung, und was sieht er: Sein Vater steht schon da, wartet auf ihn und kommt ihm entgegen. Er hat ihn nicht vergessen. Das ist das größte Leid unseres Vaters im Himmel, wenn er uns einlädt und wir ihn im Regen stehen lassen. Hier in unserem Gleichnis kommt es zu einer glücklichen Begegnung. Der Sohn rennt seinem Vater in die Arme und er nimmt ihn an mit seinem ganzen stinkenden Dreck, mit seiner Armut, mit seiner Verzweiflung.

Die entsetzlichen Ketten, die den Sohn gefesselt hielten, fallen nun klirrend zu Boden. Er muss nicht in seinem Verderben bleiben, sondern wird vom Vater angenommen. Die Irrfahrt seines Daseins findet ein Ende.

Solch einen Vater im Himmel hat jeder von uns. Einen Vater, der ein Auge auf uns wirft und uns zu sich ziehen will.

Der Vater in unserer Geschichte will mit

seinem Sohn ein Fest feiern. Die schäbigen Kleider nimmt er ihm ab, vergibt ihm alle Schuld, lässt für ihn Feierkleider holen, steckt ihm einen goldenen Ring an die Hand, ruft seine Bekannten und Freunde herbei und feiert das schönste Fest, das es je für ihn gegeben hat. Bei Gott erlebt die Liebe ihren Höhepunkt.

So geht es auch uns. Wo wir am Nullpunkt angelangt sind, leuchtet seine Gnade hell über uns auf. Von dem großen dänischen Philosophen kennen wir eine Aussage, die diese Freude treffend wiedergibt: „Das ist des Menschen höchste Vollkommenheit, dass er Gottes bedürftig ist." Wir müssen ehrlich vor Gott werden und zu ihm sagen: „Vater, wir haben gesündigt: Wir fluchen, wir stehlen, wir lügen, wir brechen die Ehe, wir reden Schlechtes über andere." Aber dann dürfen wir auch das Geschenk der Vergebung empfangen, und unser Leben wird neu.

Eine Geschichte aus der Ukraine

Heute fand ich einen ergreifenden Bericht von einem Christen und seinem Kind aus der Ukraine. Von allen Nachrichten, die ich in diesem Missionsblatt fand, habe ich natürlich diese zuerst gelesen; denn in diesem Land bin ich geboren, nur acht Kilometer vom Schwarzen Meer entfernt. Die ersten sechs Jahre meiner Kindheit habe ich hier zugebracht. So ist dies meine Heimat, wenn ich danach gefragt werde, obwohl ich die meiste Zeit meines Lebens in Deutschland verbracht habe.

Für mich ist die Ukraine, dieses so fruchtbare Gebiet, zu einer wunderbaren Erinnerung geworden, und in manchen Stunden meines schon langen Lebens schwelge ich in Gedanken an die ertragreichen Felder, an die schmucken deutschen Dörfer und an die brausenden Wellen des Meeres. Nur eine kurze Zeit war ich in Bessarabien zu Hause und doch sind mir meine beiden Heimatorte Sofiental und Purkari die liebsten Stätten. Noch immer sehe ich vor mir die breite Dorfstraße mit ihren gepflegten Höfen rechts und links. Weiß waren die Mauern gestrichen. Ich erinnere mich an den Brunnen, an dem wir mit Eimern das Wasser schöpften, und besonders an die mit roten Ziegeln erbaute Kirche. Wenn wir meine Großeltern Hannemann dort besuchten, so gehörte der sonntägliche Gottesdienst immer zu meinem Erleben. In den ersten Reihen saßen wir Kinder, direkt vorne vor dem Altar, und ich weiß noch genau, wie mich der Küster oft zum Stillsitzen ermahnen musste. Gerne denke ich an die mächtigen Strohschober hinter den Höfen. Dort spielten wir im Sommer Verstecken, indem wir tief ins Stroh hineinkrochen, sodass wir nur schwer zu entdecken waren. Dieses Vergnügen war für uns ein wahres Kinderglück. Von der Schönheit dieses Landes, von dem frohen Spiel auf den Bauernhöfen, von den hohen Festen vor allen Dingen an Ostern, wenn auf einer großen Wiese viele bunte Eier ausgelegt waren und sie dann bei einem Wettspiel eingesammelt wurden, bin ich noch heute fasziniert.

In stillen Stunden gehen meine Gedanken in die Ukraine zurück und ich schwelge in den eindrücklichen Bildern und Erinnerungen. Aber es gab auch traurige Erfahrungen, die für uns Kinder zunächst in spannungsreiche Abenteuer mündeten. „Wir werden heim ins Reich, heim nach Deutschland fahren", jubelten wir und konnten den Tag des Aufbruchs kaum erwarten. Zunächst fuhren wir auf unseren Pferdewagen bis zur Bahnstation, dann mehrere Stunden im Zug und schließlich in einem Schiff auf der Donau durchs Eiserne Tor. Wer weiß schon in seiner Kindheit von solch wunderschönen Erfahrungen zu erzählen!

Aber bevor es Anfang Oktober 1940 so weit war, galt es Abschied zu nehmen. Wir Kinder empfanden die Feiern auf dem Friedhof nicht als so tragisch und wunderten uns nur, warum unsere Eltern und Großeltern so viele Tränen an den zum letzten Mal herrlich geschmückten Gräbern vergossen. Nach dem Posaunenspiel, den Chorliedern und der Predigt auf dem Kirchhof suchte jede Familie ihre Grabstätte auf und ließ sich fotografieren. Es sind traurige Gesichter auf den Fotos, und nur der kann sie recht verstehen, der seine Heimat aufgeben musste. Das wird mir immer wieder bewusst, wenn ich sie heute betrachte. Aber nun will ich zu meiner eigentlichen Geschichte kommen.

Mich bewegt es schmerzlich, dass die Ukraine, dieses überaus fruchtbare und herrliche Land, in solche Kriegswirren hineingeraten ist. Mich packt das Leid, das Menschen jetzt ertragen müssen.

An einem warmen Sonntag, dem 31. Mai, feierten die ukrainischen Christen in der Siedlung Luganskaja Pfingsten. Später erinnerten sich die Gläubigen, dass Anatolij an diesem Pfingstsonntag über den Himmel predigte. Wohl deshalb, weil der Himmel für ihn das Lieblingsthema war. Er lebte für Gott und den Himmel. Wenige Tage zuvor hatte er sich mit den Worten „Auf Wiedersehen im Himmel!" von guten Freunden verabschiedet.

Mit innerer Anteilnahme las ich den folgenden Bericht:

Die gewaltige Explosion einer im Gras versteckten Mine zerreißt die Stille des Sonntagnachmittags. Der 14-jährige Daniel wird von der Druckwelle umgeworfen. Auch seinen Vater Anatolij treffen viele Minensplitter. Blutüberströmt liegt er am Boden, als sein 17-jähriger Sohn herbeieilt. Leider können die bald darauf eintreffenden Rettungskräfte nur noch den Tod von Vater und Sohn feststellen. Mehrere Familien im Südosten der Ukraine leben immer noch an der Frontlinie. Todesgefahren von Geschossen beider Kriegsparteien, und Minenfelder sind für sie zum schrecklichen Alltag geworden. Viele Wege, die die Bevölkerung zuvor nutzten, sind gesperrt und die Brücken gesprengt. Anatolij kannte sich in der Gegend bestens aus. Sehr vielen Flüchtlingen zeigte er Wege, die sie vorbei an den Straßensperren und aus der lebensgefährlichen Zone in die Sicherheit führten. Er selbst jedoch wollte sein Haus und seinen Garten, mit dem er seine große Familie ernähren konnte, nicht verlassen. Er hoffte, dass sich die Lage eines Tages doch noch ändern würde. Anatolij wurde für seinen Fleiß und seine Hilfsbereitschaft von vielen Dorfbewohnern geschätzt. Mit verschiedenen Menschen sprach er freimütig über das Heil in Jesus Christus. Er war auch einer der aktivsten Helfer beim Bau des Gemeindehauses. Er wartete nicht, bis jemand ihn um Hilfe bat oder dazu beauftragte. Er ging einfach dahin, wo Not war, und tröstete die Menschen. Sehr oft hatte er etwas von den Früchten seines Gartens in einen Beutel gepackt, mit denen er andere beschenkte. Nach dem Pfingstgottesdienst wollte Anatolij seinen Sohn zur Ausbildungsstelle bringen. Das wurde für die beiden der letzte gemeinsame Weg auf dieser Erde. Über den 14 Jahre alten, so plötzlich verstorbenen Daniel wird gesagt, dass er seinem Vater in vielem ähnlich war. Gott macht keine Fehler. Offensichtlich war auch Daniel für den Himmel bereit. Anatolij hat viel für seine Familie gefastet und gebetet. Es waren noch nicht alle bekehrt. Seine Witwe Ljudmila, die er mit sieben Kindern im Alter zwischen 10 und 17 Jahren hinterlässt, wünscht sich, dass die Gottesdienste des kleinen Hauskreises in ihrem Haus stattfinden sollen. Ihr größter Herzenswunsch ist es, dass die Familie dorthin kommt, wo der Papa und Daniel bereits sind.

Quellen des Lebensmutes

Von Dr. Daniel Bormuth, meinem Sohn. Er ist Pfarrer in Bad Sooden-Allendorf.

Es gibt etwas in meinem Leben, nach dem es mir hinterher immer besser geht, wenn ich es getan habe. Ich singe leidenschaftlich gern. Meine bisherige Erfahrung lehrt mich, dass ich mich danach etwas freier und unbeschwerter fühle. Jemand hat einmal zutreffend geurteilt: „Singen ist ein wunderbares Antidepressivum. Ein Heilmittel, eine Medizin gegen Schwermut, Trübsinn und Unzufriedenheit." Das ist ja das Fatale an niederdrückenden Stimmungen, dass sie den Kontakt zu unseren Lebensenergien durchbrechen oder ganz abreißen lassen. Aber wenn wir anfangen zu singen, dann nehmen wir Fühlung auf und spüren wieder die Quellen unseres Lebensmutes und unserer Trotzkraft, die Gott in jedes Menschenleben hineingelegt hat. Wer singt, verscheucht damit die bösen Geister, die sich so schnell und penetrant in unsere Seele einnisten und breitmachen, und gibt dem Wirken von Gottes heilsamen Kräften Raum. Eine alte Volksweisheit bringt es auf den Punkt, wenn sie sagt: „Tausend Künste kann der Teufel, nur singen kann er nicht. Denn das Singen ist ein Bewegen vom Dunkel in das Licht."

Und besonders aus diesem Grunde singe ich so gern und freue mich über den reichen Schatz an Liedern unseres Gesangbuches. Hier gibt es wirklich viele Kostbarkeiten zu entdecken. Wer sich auf die Suche macht, wird schnell merken, dass die meisten Lieder anders als ein Kaugummi nicht schon nach kurzer Zeit ihren Geschmack einbüßen, sondern ihn erst richtig entfalten, wenn wir sie einmal in voller Länge singen. Viele sind kraftvolle, gehaltvolle, vitaminreiche Kost für unsere an Lebensmut oft so unterernährte Seele. Und darum feiere ich auch gerne Gottesdienste, weil wir in ihnen gemeinsam singen und sich dadurch die Kraft des Gotteslobes wirkungsvoller entfaltet.

Der kommende Sonntag lädt wie kein anderer zu dieser Erfahrung ein, trägt er doch den schönen lateinischen Namen „Kantate!" „Singt!" Und wir haben in unserem Leben allen Grund, uns von dieser Aufforderung anstecken zu lassen. „Singet dem Herrn ein neues Lied, denn er tut Wunder!", heißt das Psalmwort aus dem dazugehörenden Wochenspruch. Gottes herrliches Tun nötigt uns geradezu, nicht stumm und reglos zu verharren, sondern unseren Mund zum Lob zu öffnen. „Loben zieht nach oben!"

Uns tut es also gut, wenn wir Gott aus dankbarem Herzen Lieder singen. Und wir sind es, die Schaden nehmen, wenn wir es vernachlässigen, dieses Heilmittel einzunehmen. Darum singt dem Herrn ein neues Lied und lasst euch nieder, wo man singt.

Strahlen vor Freude

Heute habe ich mich über einen Satz gefreut, den ich bei Thomas a Kempis in seinem kleinen, schon sehr alten Buch „Von der Nachfolge Christi" gelesen habe. Jeden Morgen führe ich mir erst ein paar Kapitel aus dem Propheten Jesaja zu Gemüte und greife dann zu dieser wertvollen Schrift aus dem 17. Jahrhundert, die nach der Bibel zu den bedeutungsvollsten Werken der Weltliteratur gehört. Hier finde ich den Weg, wie ich mehr und mehr zu Christus hingezogen werde, im Glauben Frieden erfahre und über meine Erlösung staunen lerne. Jesus hat für mich auf Golgatha am Kreuz meine Rettung vollbracht. Mein Herr hat selbst Qualen, Schmerzen und Anfechtungen erduldet, sodass er mich in meinen Nöten gut verstehen und wieder aufrichten kann. Nichts ist für mich bedrohlicher, als dass ich in meiner Verzagtheit und Schwachheit am Boden liegen bleibe. Meine Seele darf in aller Betrübnis und Unruhe zur Freude und zum Glück finden, bis ich durch manche Anfechtungen hindurch das Ziel meines Lebens erreiche und in Gottes neuer Welt zu Hause sein darf.

Eben las ich nur einen kurzen Satz dieser Wahrheit, die mir aber das Wichtigste in meinem Leben aufzeigt. So schreibt Thomas a Kempis: „Die Natur sieht auf das Äußere des Menschen, die Gnade aber ist auf das Innere gerichtet." In meinem Leben weiß ich, wie ich durch mein äußeres Erscheinungsbild, durch mein Versagen manche Verletzungen und Demütigungen durch andere ertragen musste. Dass ich doch noch ein fröhlicher, nach vorne blickender Mensch geworden bin, verdanke ich der Verbindung mit meinem Erlöser. Er hat mich durch seine Zusage aufgerichtet und mir gesagt: „Lotte, du bist doch ein wertvoller Mensch. Dich liebe ich!" An einigen Beispielen will ich dies deutlich machen.

Die letzten Jahre im Gymnasium schränkten mir die Freude am Unterricht sehr oft ein. Mathematik war schon von jeher nicht mein Lieblingsfach, aber mit viel Fleiß konnte ich immer eine ordentliche Zensur im Zeugnis erhalten. Dann aber erfolgte ein Lehrerwechsel in diesem Fach und Herr Bauer übernahm unsere Klasse ab der Untersekunda. Ihm war es nicht gegeben, uns die Gleichungen mit zwei Unbekannten gut verständlich zu erklären. Gewiss, die Besten in der Klasse begriffen seine Methode, ich aber verstand nur Bahnhof. So meldete ich mich und bat den Lehrer, mir die Aufgabe an der Tafel noch einmal zu erläutern. Der Lehrer aber wurde wütend, schlug mit der Faust auf den Tisch und schrie mich an: „Du blöde Kuh, was hast du eigentlich auf dem Gymnasium zu suchen. Stallmagd hättest du werden sollen. Auf einer höheren Schule hast du nichts verloren, wenn du noch nicht mal eine einfache Gleichung lösen kannst."

Mir fuhr ein großer Schrecken in die Glieder, und ich hatte fortan nicht mehr den Mut, Herrn Bauer zu bitten, mir eine Aufgabe noch einmal zu erläutern. Das hatte zur Folge, dass meine Leistungen in Mathematik immer schlechter wurden und ich schließlich im Abitur die Note „Mangelhaft" erhielt. Freuen konnte ich mich über mein Abgangszeugnis nicht, denn diese Fünf hatte mir meine Suppe kräftig versalzen. Zum Glück war ich in Deutsch, Englisch, Französisch, Latein, Religion und Geschichte sehr ordentlich, sogar gut. So blieb mir doch der Weg zur Universität offen.

In der Oberstufe hatten wir dann in Mathematik einen hervorragenden Lehrer erhalten. Seinen Erklärungen konnte ich gut folgen, aber da ich die Gleichungen nicht lösen konnte, war es mir nie möglich, von den schlechten Noten herunterzukommen. Mein Heft lag immer zuunterst, und ich litt darunter. Bis in meine Träume hinein verfolgte mich später mein Versagen in diesem Fach.

Es wurde erst besser, als ich mir von einem Pfarrer seelsorgerliche Hilfe erbat. Er betete mit mir und sagte dann: „Frau Bormuth, es ist Ihnen verwehrt, sich heute noch wegen einer schlechten Leistung in Mathematik zu quälen. Gott hat Ihnen andere Gaben gegeben. Viele Leser freuen sich an Ihren Büchern, und durch Ihre Verkündigung bei Frühstückstreffen können Sie Frauen zu Christus führen. Sie sind von Gott gesegnet." Dieser Trost kam in meinem Inneren an, und so habe ich mir nach diesem Gespräch nicht mehr den Nachtschlaf durch hässliche Erinnerungen rauben lassen.

Ein zweites Beispiel will ich anführen:

Als junges Mädchen von 16 Jahren gehörte es zu meinen Pflichten, dass ich nach unserer Flucht für meinen Vater das Geld von säumigen Zahlern eintreiben musste. Das war keine attraktive Beschäftigung, die mir Freude bereitet hätte. Vater hatte seinen Beruf als Professor verloren und musste nun zusehen, wie er seine große Kinderschar ernähren konnte. Mit unseren Pferden waren wir vor der russischen Front bis ins Hessenland geflüchtet und Papa versuchte nun, durch Holzfahrten und Arbeiten bei den Kleinbauern Geld zu verdienen. Die Pferde blieben über Jahre unser einziges Hab und Gut und davon wollte sich mein Vater nicht trennen. Also blieb meinen Eltern nur die Beschäftigung im Wald und auf den Äckern für Fremde übrig. Leider gab es immer wieder Kunden, die es vergaßen, ihre Schulden zu bezahlen.

Nun stand Weihnachten vor der Tür, und ich wurde losgeschickt, die noch fehlenden Beträge einzuholen. Einmal passierte mir ein großes Missgeschick. Ein Bauer erblickte mich hinter den Gardinen seiner Küche, wurde ärgerlich, öffnete auf mein Klingeln seine Haustüre nicht, sondern hetzte den

Schäferhund auf mich. Angst erfasste mich und ich suchte sofort das Weite. Weinend lief ich nach Hause und musste mir noch eine Strafpredigt anhören, warum ich meinen Auftrag nicht erfüllte hätte; denn zu Hause wartete meine Mutter auf das Geld, um noch einige Lebensmittel für das Christfest einzukaufen. Natürlich war ich an diesem Heiligabend nicht besonders glücklich, sondern litt wie ein geprügelter Hund. Hätte ich damals durch meine Bekehrung nicht Gottes Güte und seine Freundlichkeit in reichem Maße empfangen und außerdem die Liebe vieler Glaubensgeschwister, wäre ich vielleicht ein verbitterter Mensch geworden.

Und doch weiß ich selbst auch um viele Versäumnisse in meinem Dasein. Wie dankbar bin ich meinem Herrn Christus, dass ich von seiner Vergebung leben darf. Seine Freundlichkeit und Liebe berühren mich im Innersten. Ich freue mich über das Wort aus Psalm 36,8: „Wie teuer ist deine Güte, Gott, dass Menschenkinder unter dem Schatten deiner Flügel Zuflucht haben."

Zu meinen größten Unarten gehört es, dass ich immer sehr schnell auf andere reagiere und ihnen ins Wort falle, wenn sie an einem Thema vorbeidiskutieren. Ich bin kein geduldiger Mensch. Ich erinnere mich, dass ich in der Unterstufe des Gymnasiums einen Eintrag in meinem Zeugnis erhalten habe. Dort stand: „Lotte sollte in ihrem Reden nicht so vorlaut sein." Damals war ich etwa 12 Jahre alt. Etwas gebessert habe ich mich sicher schon, denn dieser Eintrag war der einzige während meiner ganzen Schulzeit.

Was mir zuweilen Not macht, sind Stimmungsschwankungen. Ich bin nun schon 66 Jahre Christ und sollte es gelernt haben, bedrückenden Gedanken keinen Raum zu geben. Ich kenne doch den Vers aus dem 1. Petrusbrief 5,7: „Alle eure Sorgen werfet auf ihn, denn er sorgt für euch." Wie sehr wünschte ich mir eine fröhliche Ausgeglichenheit in meinem Leben.

Heute Morgen las ich das passende Wort dazu in meiner Andacht und habe es gleich rot unterstrichen. So schreibt Thomas a Kempis: „Mein Sohn, traue deiner augenblicklichen Stimmung nicht, denn sie wird leicht in eine andere verwandelt werden. Solange du lebst, bist du der Veränderlichkeit unterworfen, auch gegen deinen Willen; also dass du bald fröhlich, bald traurig, und bald ausgeglichen und dann wieder unruhig, jetzt andächtig und dann ohne Andacht, jetzt fleißig und dann träge, jetzt ernsthaft und dann wieder leichtsinnig erfunden wirst."

Recht hat dieser Mönch, der dieses Andachtsbuch für seine Mitbrüder im Kloster geschrieben hat. Er kennt das Leben sehr gut und weiß auch um unsere Anfälligkeiten in Bezug auf Stimmungsschwankungen. Aber Thomas a Kempis raubt uns nicht den Mut, von Gott zu erwarten, dass er uns geistliche Reife und ein großes Vertrauen in seine Macht schenkt. Ich darf meinen Herrn bitten, mir Veränderung in meinem Charakter zu schenken. Noch ist mir diese Chance gegeben. So will ich mein Innerstes auf Gott ausrichten und will lernen, auch den Stürmen der Anfechtung zu trotzen. Ich darf darauf vertrauen, dass mein Herz wieder von Ruhe, Frieden und großer Dankbarkeit geprägt wird. Eine stille Freude ist mir dann gewiss.

Darüber will ich täglich meinen Gott loben und von seiner Gnade und seiner Barmherzigkeit berührt werden. Welch herrliche Zukunft will mir mein Vater im Himmel bereiten. Und wieder ist es ein Wort der Bibel, das mir solch frohe Gewissheit schenkt: „Die Gott lieben, werden strahlen vor Freude. Was betrübst du dich, meine Seele, und bist so unruhig in mir? Harre auf Gott, denn ich werde ihm noch danken, dass er meines Angesichts Hilfe und mein Gott ist" (Psalm 42,12).

Es gibt aber auch viele kleine und große Widrigkeiten in meinem Alltag: Wie könnte ich damit leben, wenn es Gottes Gnade nicht gäbe, die mir hilft, solche Situationen zu bestehen! Bei einer christlichen Tagung wurde mir einmal das Portemonnaie gestohlen. Mein ganzes Reisegeld – und das war nicht gerade wenig – war mir genommen. Tagelang war ich darüber betrübt und fand erst Ruhe, als ich die Sache an Gott abgegeben hatte. Ich darf mich in meinem Dasein über kleine Unpässlichkeiten nicht so wichtig nehmen, das wurde mir bewusst. Es gibt Menschen, die viel Schlimmeres erfahren mussten.

Meine Eltern zum Beispiel haben zweimal ihr gesamtes Vermögen eingebüßt. Darüber haben sie vor uns Kindern nie gesprochen, sondern tapfer die Kriegswirren ertragen.

„Wir müssen jetzt mutig nach vorne blicken", war ihre Devise. Wenn ich immer an all die Freundlichkeiten denke, die mir Jesus in meinem Dasein zugedacht hat, bliebe mir keine Zeit zum Jammern. Ich will mich vielmehr darum bemühen, alle Güte und Liebe voller Dank anzunehmen. Gott meint es überaus gut mit mir. Wie viel Bewahrung habe ich auf meinen vielen Reisen im Auto, mit der Bahn und im Flugzeug schon erlebt. So war ich in Moskau, in der Schweiz, in Kanada, in Tirol, in Österreich, in den USA und in Taiwan zu Vorträgen unterwegs. Die Fahrten in Deutschland mag ich gar nicht aufzählen. Auf den Bahnhöfen haben mir oft junge Menschen die Koffer bis ins Abteil getragen. Am Zoll auf den Flughäfen bin ich nie kontrolliert worden. Lachend ging ich manchmal an den Beamten vorüber und fragte etwas belustigend: „Na, wollen Sie meinen Koffer nicht öffnen?" Ihre Antwort lautete nur: „Gehen Sie weiter, gute Frau! Wir wünschen Ihnen eine behütete Fahrt." In über tausend Betten habe ich schon geschlafen. Viel, viel Liebes ist mir von meinen Gastgebern widerfahren. Im Rückblick macht mich das glücklich.

Neulich habe ich im Gottesdienst ein Lied gesungen, das mir noch völlig unbekannt war. Ich werde es auswendig lernen, weil es mir so gut gefällt:

„Nichts habe ich, was nicht frei ich empfing,
durch Gottes Gnade bin ich, was ich bin!
Rühmen sei fern, doch das sei bekannt:
Ich bin einer, den die Gnade fand!

Einst war ich arm und in Sünden verstrickt,
dem Gott der Gnade so sehr fern gerückt,
doch Jesus kam und griff meine Hand,
ich bin einer, den die Gnade fand!

Nicht meine Tränen je haben's gemacht,
nur sein Erbarmen hat alles vollbracht!
Sünden vergiftet, einst abgewandt,
bin ich einer, den die Gnade fand!

Lass mich's dir sagen mit strahlendem Blick,
mein Herz fließt über vor Freude und Glück;
noch einmal ruf ich's laut übers Land:

Ich bin einer, den die Gnade fand!
Refrain: Einer, den Gottes Gnade fand!
Einer, den Gottes Gnade fand!
An mir erwiesen sei laut sie gepriesen:
Ich bin einer, den die Gnade fand!

Mit Flügeln wie Adler

Mein Mann und ich waren zu einer Missionskonferenz nach Taiwan eingeladen. 19 Stunden Flug bedeuteten für mich eine echte Strapaze. Öfter musste ich mich übergeben, denn wir waren mehrmals in einen Sturm hineingeraten. Dann aber hatte ich doch mein Ziel erreicht. Herzlich wurde ich von meinem Mann am Flughafen empfangen, denn er war schon zwei Tage zuvor angereist. Auf diesen Dienst war ich gut vorbereitet. Zum Teil mussten wir englisch, zum Teil auch deutsch sprechen. Es waren bewegte Tage, denn die Teilnehmer waren wissbegierig auf das Wort von Gott zu dieser Tagung gekommen und brauchten für ihren Dienst eine kräftige Stärkung von ihrem Herrn.

Taiwan ist eine wunderschöne Insel. Formosa, wie sie ja auch liebevoll genannt wird, heißt „Die Schöne". Dreimal im Jahr können dort die Früchte von Bäumen, Feldern und Gärten geerntet werden. Orangen und Bananen schmecken einfach herrlich und sind mit dem Obst, das wir in Deutschland kaufen, nicht zu vergleichen. Wunderbar wurden wir von den Marburger Missionarinnen betreut. An die Betten, die nur aus Brettern bestehen und mit einer dünnen Auflage belegt werden, haben wir uns schon vom ersten Tag an gewöhnt und haben wie die Murmeltiere auch ohne Matratzen sehr gut geschlafen.

An einem Tag beim Mittagessen wunderten wir uns, dass die Suppe auf unseren Tellern überschwappte. Auch der Fußboden bewegte sich. „Das ist nur ein kleines Erdbeben, wie wir es öfter erleben. Sie müssen nicht erschrecken. Es wird bald wieder vorübergehen. Unser Haus hat ein gutes Fundament", beruhigte uns die Oberin.

Draußen sah es ganz anders aus als bei uns in Deutschland. Vorgärten mit Blumen sahen wir nicht. Sie gibt es nicht, denn vor den Häusern bauen sich die Armen ihre Hütten auf und leben tagsüber teilweise auf dem Bürgersteig. Dort wohnen sie auch, kochen ihre Mahlzeiten, waschen die Wäsche und lassen die Kinder spielen. Es ist eine völlig neue Lebensweise, die uns hier begegnete.

Es waren reich gesegnete Tage unter der

Verkündigung des Neuen Testamentes mit einer Reihe seelsorgerlicher Gespräche.

Hier in Hualien betreuen Diakonissen mit ihren Mitarbeitern mehr als 100 behinderte Kinder. Mein Liebling war der kleine David mit seinen zwei Jahren. Seine Lebensgeschichte hat mich tief beeindruckt:

Eines Tages erhielt Schwester Monika einen Anruf des Klinikchefs. Er teilte ihr mit, dass in der Nacht vor der Haustür des Krankenhauses ein Karton mit einem neugeborenen Baby abgelegt worden sei. Der Hausmeister habe das Kind in der Frühe entdeckt, als er die Klinik betreten wollte. So wie man einen Koffer in einer Ecke abstellt, stand die Pappschachtel da. Das Baby war behindert und zudem litt der „kleine Mann" noch an einem Herzfehler. „Schwester Monika, können Sie diesen Jungen in Ihrem Heim aufnehmen? Wir wüssten weit und breit keinen besseren Platz für den Kleinen als in Ihrem Heim. Sobald es dem Baby besser geht, würden wir Sie anrufen. Sie sagen bestimmt nicht nein, Schwester, so wie ich Sie kenne."

Die Oberin sagte zu, und so kam der Säugling nach einigen Tagen zu den Schwestern nach Bethanien. Zunächst wurde ein Name ausgesucht und sie fanden den schönsten, den es in der Bibel gibt. David nannten sie das Findelkind. Er bedeutet „von Gott geliebt". Seine Eltern hat dieses süße, aufgeweckte Baby nie kennengelernt. Und die Diakonissen wurden ihm Vater und Mutter zugleich. Auch ich liebte diesen hübschen kleinen Kerl. Er war gerade zwei Jahre alt geworden, als ich ihn kennenlernte. Gerade hatte er das Laufen gelernt. Er wich mir nicht von der Seite; denn ich hatte eine Tüte Gummibärchen in meine Tasche gesteckt und durfte das Kind ein wenig verwöhnen. Als wir nach 14 Tagen wieder abreisen mussten, weinte David laut und wollte nicht von meinem Arm genommen werden. Mir blieb die Liebe für dieses Kind und das Gebet für David.

Als später ein englischer Kardiologe von diesem Jungen hörte, operierte er ihn am Herzen, ohne ein Honorar dafür zu nehmen. Heute geht es David recht gut. Wie gerne würde ich meinen kleinen Liebling wiedersehen, aber bald werde ich sicher etwas mehr über ihn erfahren, denn unser Enkelsohn Nils ist gerade als Kurzzeitmissionar für ein Jahr in diesem Kinderheim in Taiwan tätig, um dort Gott zu dienen.

Zwei Tage nachdem wir unsere Vorträge beendet hatten, lud uns Schwester Monika zu einem Ausflug in die Tarokoschlucht ein. Schönheit pur tat sich vor uns auf. Ich war von dieser Gegend ganz begeistert. Wie der Name schon sagt, lag vor uns eine sehr tiefe, mit herrlichen Bäumen bewaldete Schlucht. Ein ganz schmaler Weg war in die Felsen gehauen, der auch für Motorräder befahrbar war. Manchmal saßen vier Personen samt Baby auf solch einem Gefährt. Ragte ein Fels etwas tiefer herunter, dann warnte der Fahrer seine Familie, und alle zogen die Köpfe ein. Eine riesige Hängebrücke verband beide Teile der Schlucht miteinander. Es war ein herrlicher Anblick. Sie zu begehen erforderte von mir Mut, denn sie schwankte hin und her.

Aber das Schönste, was wir sahen, waren die Adler. Hoch über die Waldwipfel glitten sie anmutig dahin. Diesen herrlichen Anblick werde ich wohl nie mehr vergessen, denn die weit ausgebreiteten Flügel waren eine Pracht und prägten sich mir tief ein. Mit ihren Schwingen segelten die Vögel in aller Ruhe weit über uns in den Lüften.

Mir kam ein Vers aus dem Jesajabuch in

den Sinn. Er wurde mir zum Sinnbild für mein Leben: „Gott gibt den Müden Kraft und Stärke genug den Unvermögenden. Männer werden müde und matt, und Jünglinge strauchein und fallen; aber die auf den Herrn harren, kriegen neue Kraft, dass sie auffahren mit Flügeln wie Adler, dass sie laufen und nicht matt werden, dass sie wandeln und nicht müde werden" (Jesaja 40,29-31). Diese Vögel flattern nicht wie aufgescheuchte Hühner ängstlich hin und her, sondern gleiten hoch oben seelenruhig dahin, als könnte sie kein Sturm und kein Wetter von ihren herrlich gezogenen Bahnen vertreiben. Sie haben wirklich viel Kraft. Sie fliegen nahe den Wolken in der Höhe, ohne dass sie Angst haben müssten, von anderen Vögeln angegriffen zu werden. Sollten sich doch einmal einige freche Vögel nähern, dann steigen sie noch höher in die Wolken hinauf. Sie fliegen stundenlang, ohne erschöpft oder müde zu werden.

Ich konnte meinen Blick lange nicht von ihnen abwenden und ihr Bild prägte sich mir tief ein. So möchte ich auch leben, kraftvoll, ohne Schwäche und Angst. In der Nähe des Himmels bei Gott selber kann mich auch kein Feind angreifen. Ich bin dort oben nicht hässlichen, bösen Menschen ausgesetzt, die einem hin und wieder mal begegnen. Adler bauen ihre Nester auch hoch oben auf den Felsen. Dort fühlen sie sich sicher, ohne Gefahr. Ich wünschte, so könnte auch ich leben, denn ich weiß in meinem Dasein auch um Plagen, Angriffe, Schmach und Bedrängnis.

Ich erinnere mich an ein Jahr, da ich täglich Angst hatte, es könnte wieder ein schlimmer Brief in der Post sein. Innerhalb von drei Monaten erreichten mich mehrere solcher Schmähbriefe, die mich erpressen wollten. Ich wurde aufgefordert, eine hohe Summe von fast 15.000 Euro auf ein bestimmtes Konto binnen sieben Tagen einzuzahlen. Sollte ich diesen Termin versäumen, dann müsste ich mit einer Anklage beim Gericht rechnen.

Zum Glück ließ ich mich nicht einschüchtern, sondern holte mir Hilfe bei einem Rechtsberater. Daraufhin hörten diese scheußlichen Briefe schlagartig auf. Aber noch Monate danach überfiel mich die Angst, wenn der Briefträger mit seinem gelben Auto vor unserem Haus hielt. Ein Kripobeamter erzählte mir später, dass es gerade in unserem Ort einige solcher Trickbetrüger gegeben habe. Sie suchten im Telefonbuch nach Menschen mit altertümlichen Namen und forderten von ihnen hohe Geldbeträge. Sie bedrohten sie, warfen ihnen falsche Beschuldigungen vor und drohten mit Gerichtsstrafen. Ich sollte mich nur nicht aufregen, denn das seien verbrecherische Menschen, die mit Methoden arbeiteten, wie sie auch bei Enkeltricks angewandt werden, tröstete mich der Polizist.

Wir sind in unserem Leben nie frei von Versuchungen, und Thomas a Kempis schreibt dazu: „Du bist niemals sicher in diesem Leben, und solange du atmest, sind dir die Waffen des Geistes nötig. Unter Feinden wandelst du und von rechts und links wirst du angefochten. Wenn du nicht allenthalben den Schild der Geduld gebrauchst, wirst du nicht lange ohne Wunden bleiben.

Noch mehr! Wenn du dein Herz nicht fest auf Gott gründest, alles um seinetwillen zu leiden, so wirst du die Hitze des Kampfes nicht länger ertragen und die Siegespalme der Seligen nicht erlangen.

Du musst also tapfer durch alles hindurchdringen und mit starker Hand jeden

Widerstand niederschlagen. Denn nur dem Überwinder wird das himmlische Manna gegeben, dem Trägen aber bleibt viel Elend."

So will ich mir den Flug der Adler tief in mein Innerstes einprägen. Drohen mir Angriffe, dann flüchte ich mich wie der Adler auf Felsen oder ich fliege noch höher in die Lüfte, um mich bei Gott zu bergen. In meinem Lebenskampf will ich nicht matt und müde werden, sondern im Gebet Zuflucht bei meinem Felsen suchen, der Christus heißt. Entschieden für Jesus will ich leben, und das schafft mir geistliche Siege.

Freudvolle Erinnerungen

Als unsere Kinder noch kleiner waren, besuchten wir einmal im Monat unsere alten Eltern. Dann standen sie schon am Fenster und hielten Ausschau nach unserem roten Auto. Wenn sie uns dann entdeckten, eilten sie an die Haustür, und wir wurden mit einer kräftigen Umarmung und einem Kuss auf die Stirn begrüßt. In der Küche war schon der Mittagstisch gedeckt und Mutters erste Frage an meinen Mann lautete: „Karl-Heinz, was willst du essen?" Ich musste dann manchmal lachen und fragte ein wenig spitzbübisch: „Na Mama, willst du nicht auch einmal mich fragen: ‚Lotte, was willst du essen?' Ich bin doch deine Tochter." Aber Mutter lachte mich nur freundlich an. Eine Antwort gab sie mir nicht darauf.

Meine Mutter liebte ihren Schwiegersohn sehr. Er war auch immer bereit, ihre speziellen Wünsche zu erfüllen. Öfter hat er meine Eltern zu ihrer jüngsten Tochter nach Bielefeld gefahren, wo Lilli mit ihren sechs Kindern wohnte. Mutter wusste genau, dass ihr

mein Mann keinen Wunsch abschlagen würde, auch wenn es weite Fahrten waren. Ein
eigenes Auto besaßen meine Eltern nicht.
Meine Mutter war eine ausgezeichnete Köchin, und Karl-Heinz wünschte sich meist
eine bessarabische Hühnersuppe mit selbst
gemachten Nudeln. Das war Mutters bes-
tes Rezept. Sie rollte den Teig so dünn aus,
dass man die Tischplatte darunter erkennen
konnte. Die beiden Hühnerschenkel wurden immer auf die Teller meines Vaters und
meines Mannes gelegt. Wir anderen teilten
uns das übrige Fleisch. Außerdem liebte es
Mutter, Frikadellen und Schnitzel für uns
zu braten. Als später ihre Kräfte nachließen
und sie nicht mehr für die Großfamilie kochen konnte, drückte sie meinem Mann einen Geldschein in die Hand und flüsterte
ihm zu: „Karl-Heinz, fahr in die Stadt und
hol uns Pommes frites, einen großen Braten
und verschiedene Salate dazu. Als Nachtisch
wähle für uns eine größere Portion Eis."

Wir wurden immer bestens versorgt, und
die Kinder freuten sich besonders auf das
Schokoladeneis, denn bei uns zu Hause gab
es solche Süßigkeiten nicht so oft. Mein Vater hatte eine andere Art von Köstlichkeit,

mit der er unsere fünf Kinder überraschte, nämlich Halva. Diese Spezialität, die wir schon in unserer Heimat am Schwarzen Meer genossen haben, ließ er sich immer aus einem Geschäft in Stuttgart schicken. Dann traten meine fünf mit einem Löffelchen in der Hand der Reihe nach vor ihn, und mein Vater füllte jedem eine Portion auf den Löffel. Sehr sparsam ging er mit dieser Süßigkeit um, denn sie muss wohl teuer gewesen sein. Noch heute lachen wir darüber, wenn wir an diese fast heilige Zeremonie denken. Es ist wunderbar, sich an solch einprägsamen Erlebnissen zu erfreuen. Diese Erinnerungen versetzen mich in ein kleines Paradies, aus dem ich nie vertrieben werden kann, und ich lasse meine Gedanken in die alte Heimat wandern.

Auch in Bessarabien gab es immer nur zu Weihnachten ein kleines Stückchen Halva. Eine andere Erfahrung hat mich auch stark beeindruckt. Vater war ein hervorragender Geschichtenerzähler. Während wir 1945 bei eisiger Kälte auf unserem Pferdewagen saßen und vor der russischen Front flüchteten, litten wir entsetzliche Not. Wir wurden auch von Tieffliegern beschossen und empfanden große Ängste. In solchen Situationen begann Vater, wenn der Angriff vorüber war, uns wahre Geschichten aus seiner Kindheit zu erzählen. Das nahm uns die Furcht. Diese Geschichten waren hoch interessant und hielten in uns die Erinnerung an Bessarabien, das heutige Moldawien, wach. Unser Zittern verschwand und ein wohliges Gefühl der Geborgenheit beruhigte uns. Später hat mein Vater auch seine Enkel mit solch spannenden Geschichten beglückt.

Wenn er z. B. von hungrigen Wölfen in der Steppe erzählte, die die Schafherden bedrohten, ahmte er ihr lautes Heulen so schrecklich nach, dass dem Jüngsten die Angst im Nacken hochkroch. Die Großen aber riefen laut: „Opa, erzähl weiter, immer weiter!" Befreit atmete Daniel dann auf, wenn Vater berichtete, wie er die Bestien mit einer Taschenlampe vertreiben konnte, indem er sie ein- und ausschaltete. Das machte den Tieren Angst und sie flüchteten in die Wälder. Seine schönste Erzählung ist mir bis heute im Gedächtnis geblieben: Vom Spatzenfangen. Auf den Bauernhöfen standen riesige Strohschober, in die die Spatzen ihre Nester bauten. Die jungen Burschen holten zum

Zeitvertreib eine lange Gabel, steckten ein Getreidesieb hinein und fuhren damit am Strohschober herauf und herunter. Durch das Geraschel wurden die Spatzen aufgerüttelt und flogen ins Sieb. Vorsichtig wurden sie dann in einen Behälter gesteckt. Wenn dann der Abend anbrach und es draußen stockfinster wurde, schlichen sich die jungen Kerle vor die Fenster der verliebten Pärchen und ließen die Spatzen durch das kleine Luftscheibchen in die Stube fliegen. Die Tiere flogen sofort auf das Licht zu, stießen die Petroleumlampe um und in der Stube wurde es dunkel. Vor Schreck schrien die Mädchen dann auf, und ihre Liebhaber machten Jagd auf die Spatzen und auch auf die bösen Buben, die ihnen an diesem Abend ihre Freude geraubt hatten. Die jungen Lausbuben aber warfen sich in einen Graben oder suchten auf den Feldern das Weite. So blieben sie im Finstern unentdeckt. Wenn dann nach einiger Zeit die Jagd auf die bösen Kerlchen erfolglos beendet war, sammelten sie sich am Strohschober und konnten vor lauter Vergnügen nicht mehr mit dem Lachen aufhören.

Mein Vater hat auch sehr gerne gelesen

und wurde so ein Meister in der Erzähl-
kunst. Nie war es bei uns langweilig. Immer
mehr Geschichten hat er uns später erzählt,
als wir mit unserer Familie sehr beengt in
nur einer Küche und einer kleinen Kammer
hausten. Damals gab es noch kein Fernsehen, ein Radio hatten wir nicht und auch
keine Zeitung. Nur ab und zu konnten wir
uns vom Pfarrer einige Bücher leihen. Und
doch habe ich gerade an diese schwere, etwas
düstere Zeit meine schönsten Erinnerungen.

Wir haben auch in unserer Familie viel
gesungen. Oft waren es Lieder mit schwer-
mütigen Texten, die uns die Erinnerung
an unsere verlorene Heimat nahebrachten.
Aber auch Choräle gehörten zu unserem
Liedgut. Sie zogen uns in die Nähe Gottes
und wir begriffen immer wieder neu, wohin
wir in unserem Flüchtlingselend unsere Zuflucht nehmen konnten. Wir litten nämlich
in dieser Zeit viel Not, Armut, Hunger und
auch Verachtung von Menschen, denen es
viel besser ging als uns. Gefreut haben wir
uns auch an lustigen Gesängen, die wir oft
mehrstimmig sangen. Sie zauberten uns ein
Lachen auf unsere betrübten Gesichter. Wer
singt wird danach immer fröhlicher sein, als

er es zuvor war. So wurde uns der Trübsinn vertrieben.

Meine Kindheit war zwar durch das Flüchtlingsdasein jämmerlich und armselig. Ein Sozialamt gab es damals noch nicht. Ich besaß einen einzigen Rock, der aus einem großen Wollschal zusammengenäht war, und zwei Blusen. Aber mit der Zeit fanden wir doch in unserem Ort wunderbare Freundinnen, die uns zum Völkerballspiel einluden oder uns auch mal ihr Fahrrad liehen. Aber diese frohen Erfahrungen machten wir erst nach und nach. Für mich war es das Schönste, dass meine Eltern immer für uns da waren. Wir waren ihnen sehr wertvoll, und für uns haben sie sich abgerackert und abgemüht. Als ich vor dem Abitur stand, hat Vater mit mir in den stillen Nachtstunden gelernt, denn am Tag war es natürlich bei uns recht laut, wenn unsere kleine Lilli schrie oder Besucher kamen. Kinder waren ihnen eine wunderbare Gabe von Gott. Sie liebten uns und machten uns auch durch ihre Nähe stark für das Leben. So lernte ich früh den Widerwärtigkeiten des Lebens zu trotzen. Es gibt nichts Herrlicheres, als in einer liebevollen Familie den rechten Weg ins Dasein zu finden.

Später war es auch mein Wunsch, mit meinem Partner eine kinderreiche Familie zu haben. Gott hat mir diesen Wunsch erfüllt, und wir sind inzwischen zu einer Großfamilie geworden.

58 Jahre bin ich nun schon mit meinem Mann verheiratet. Wir haben Kinder, Schwiegerkinder, Enkelkinder und sogar schon ein Urenkelchen. Eigentlich hätten wir noch zwei solche süßen Schätzchen; aber unsere Zwillinge hat Gott schon in seine neue Welt heimgeholt. Sie sind uns vorangegangen. Aber einmal werden wir die beiden Urenkelchen in unsere Arme schließen können, und dann werden sie frei von Schmerzen und Todesnot sein. Unser Jubel wird dann überaus herrlich sein. So warte ich noch auf das Allerschönste und blicke voll froher Erwartungen der neuen Welt meines Herrn entgegen.

Oswald Chambers, ein Rufer zu Gott

Einer der vollmächtigsten Verkündiger im Reich Gottes war Oswald Chambers. Er wurde am 24. Juli 1874 in Aberdeen in Schottland geboren. Seine Eltern waren aufrechte Christen und fanden durch den englischen Erweckungsprediger Spurgeon, der ja der Fürst unter den Predigern genannt wurde, zum lebendigen Glauben an Jesus. Neun Kinder hatte diese Familie, und Oswald war das achte. Als junger Mensch hörte er auch Spurgeons Predigten und trat in die Nachfolge Jesu ein. Er empfand in seinem Zuhause eine liebevolle Atmosphäre und sagte einmal am Schluss einer Predigt diesen bemerkenswerten Satz: „Das Zuhause sollte der Himmel sein, und der Himmel sollte das Zuhause sein."

Wahrscheinlich lag auch hier der Grund, dass er mit Kindern so wunderbar umgehen konnte. Sein fröhliches Lachen, wenn er von einer Schar Kleiner umgeben war, denen er biblische Geschichten erzählte, drang durch fast alle Räume des Hauses. In seinem Leben räumte er den besonderen Lieblingen Gottes immer einen Ehrenplatz ein, denn in ihnen sah er die Zukunft des Reiches Gottes.

Er selbst nahm schon als Teenager nach einer Predigt Jesus in sein Leben auf und wurde in London, wo er damals wohnte, ein eifriger Jünger seines Herrn. Er vertraute auf Jesus, dass er seine Gebete erhören würde. Als junger Mann wurde er getauft und nahm immer mehr an geistlicher Reife zu. Doch dann erlitt er eine besondere Schwierigkeit in seinem Leben. Er geriet in eine Glaubenskrise, die ihn fast in die Nähe eines Zusammenbruchs brachte, weil er sich selbst vergeblich bemühte, nach Liebe und Reinheit zu streben. In dieser Zeit betete er: „O Herr Jesus, hör mein Schreien nach einem geheiligten Leben; denn ich tue mein Äußerstes, um von diesem finsteren Kampf erlöst zu werden. Amen." Aus diesem Gebet ging er im festen Vertrauen auf Gottes Gnade und die Macht des Heiligen Geistes gestärkt hervor. 1902 aber machte er die Erfahrung, die er als Erfüllung mit dem Heiligen Geist bezeichnete und die ihn in den ersehnten Frieden mit Gott hüllte. Sie brachte ihm auch die lang ersehnte Befreiung. Er erhielt dadurch auch ein tieferes Verständnis für alle, die in ihrem Glaubensleben durch einen solchen Kampf gingen.

Der Beruf des Vaters zwang die Familie, mehrmals umzuziehen, und so landete er schließlich in London. Oswald Chambers war hoch begabt und zeigte auch künstlerische Neigungen. So wurde er Student der schönen Künste und besuchte die Kunstakademie bis zum ersten Abschluss. Aber mit 22 Jahren empfand er sehr stark die Liebe zu Gott und hörte seinen Ruf, in den vollzeitlichen Dienst für Jesus zu treten. Sein ganzes Leben sollte ihm allein gehören. So sattelte er um und studierte Theologie. Er wurde dann später selbst Bibelschullehrer und reiste auch in Amerika, Japan, Afrika, Ceylon und in der arabischen Welt umher. Er wurde auch ein viel gefragter Konferenzredner.

Auf einer solchen Fahrt lernte er eine junge Frau kennen. Bibby Hobs war ihr Name. Viele interessante Gespräche verbanden die beiden miteinander und nach der Reise auf dem Schiff wechselten sie viele Briefe. Bibby war eine ausgezeichnete Stenotypistin, die ihm später alle seine Vorträge und Predigten aufzeichnete. 1910 heiratete er sie und sie arbeitete zusammen mit ihm an einer Bibelschule, die er selbst gegründet hatte.

Im Norden von England fanden sie ein neues Zuhause. Das junge Ehepaar war begeistert von der Schönheit des Landes um Yorkshire. Hier wurde ihnen auch eine Tochter geboren. Oft wanderte der Vater in seiner Freizeit mit seiner kleinen Kathleen auf der Schulter durch die wunderschöne Natur und staunte über Gottes großartige Schöpfung. Manchmal begleitete sie auch eine Reihe von Bibelschülern, die draußen „im Esszimmer des himmlischen Vaters" ihr Picknick im Freien abhielten. Alles schien sich in der Bibelschule wunderbar zu entwickeln. Aber dann brach 1914 der Erste Weltkrieg aus. Chambers gewann den Eindruck, er müsse sich nun seinem Heimatland zur Verfügung stellen, und nahm die Aufgabe an, den britischen Soldaten als Feldgeistlicher beizustehen. In dieser Zeit betete er: „Herr, ich lobe dich für den Platz, an dem ich stehe; aber dies ruft auch die unruhige Frage in mir hervor: Ist das der Ort, an dem du mich haben willst? Hilf mir, dass ich beständig deinen Willen tue. Wenn es nur innere Unruhe ist, die mich bedrängt, dann mache mich still und gib mir die Kraft, dass ich nicht zweifle und gegen dich sündige. Amen."

Er schloss die Schule und reiste im Auftrag des CVJM nach Kairo. Es war ein verantwortlicher und segensreicher Einsatz für ihn. In der Hauptstadt Ägyptens waren die Soldaten stationiert. Seine Frau Bibby und die zweijährige Kathleen folgten ihm. Wohltuend im Umgang mit seinen Soldaten empfanden die Männer seinen totalen Einsatz für sie. Auch seinen Humor liebten sie. Er verstand es, sehr engagiert das Wort der Bibel auszulegen und zu verkündigen. Wenn er predigte, war seine „Hütte" voll. Sein erster Vortrag, den er den Männern hielt, trug den Titel: Unser Beten. Das war jetzt besonders dringlich, denn die jungen Soldaten lebten in der Fremde und waren widrigen Einflüssen ausgesetzt. Unter ihnen war es häufig der Fall, dass Gottes Name beim Fluchen missbraucht wurde. Aber nun forderte die Art, wie er das Evangelium verkündigte, die jungen Männer heraus, Ehrfurcht und Respekt vor dem Wort Gottes zu haben. Das Vertrauen zu ihrem Militärpfarrer wurde mehr und mehr gestärkt, und die Soldaten liebten ihren Pastor. Viele unter ihnen fanden durch eine klare Bekehrung den Weg in die Nachfolge Christi und wurden so auch für ihre Kameraden zu Zeugen des lebendigen Gottes.

Oft wurden sie auch in die Familie Chambers zum Essen eingeladen, was sie auch gerne annahmen. Bibby war eine ausgezeichnete Köchin und bot den hungrigen Burschen ein wohliges Zuhause und ein köstliches Essen. „Jetzt ist es Zeit! Greift tüchtig zu! Erst danach werden wir uns mit der Bibel beschäftigen. Wer Lust an der Predigt hat, ist herzlich eingeladen." Kaum einer blieb diesen biblischen Auslegungen fern.

Am 17. Oktober verspürte Oswald Chambers heftige Magenschmerzen. Er dachte zunächst, er habe sich einen schädlichen Bazillus eingefangen. Er hoffte, dass es ihm bald besser gehen würde, und so suchte er keinen Arzt auf. Aber sein Zustand verschlechterte sich zusehends und am 29. Oktober musste er ins Krankenhaus gebracht werden. Eine akute Blinddarmentzündung wurde von den Ärzten festgestellt. Er musste sofort notoperiert werden. Zunächst schien dieser Eingriff Erfolg versprechend zu verlaufen. Aber dann entwickelte sich ein Blutgerinnsel in der Lunge, an dem er nur wenige Tage später verstarb.

Als in England ein Telegramm aus Kairo eintraf mit der kurzen Meldung: „Oswald ist in Gottes Gegenwart", löste dies tiefe Betroffenheit aus. Chambers muss wohl schon geahnt haben, dass ihm dieser Einsatz in Ägypten das Leben abfordern würde. Kurz bevor er nach Kairo gefahren war, hatte ihn noch ein Freund besucht. Ihm hatte er Folgendes anvertraut: „Ich gehe nach Ägypten, um den Soldaten in der Armee beizustehen. Der Herr hat mir eine Bibelstelle aus 2. Timotheus 4 gezeigt: *Ich bin bereit, geopfert zu werden.* Ich weiß zwar noch nicht, was dieser Vers im Einzelnen bedeutet, aber ich stelle mich Gott zur Verfügung."

Für seine Frau löste der plötzliche Tod einen regelrechten Schock aus. Sie plante eine kleine, stille Beerdigung. Aber die Soldaten fühlten sich so eng mit ihrem Militärpfarrer verbunden und liebten ihn auch innig, sodass sie von dem Wunsch seiner Frau Abstand nehmen wollten. Es wurde eine große, wunderbare Trauerfeier geplant. Viele seiner Mitarbeiter und etwa 100 Soldaten nahmen daran teil. Gerade den jungen Männern hatte er Jesus vor Augen gemalt, dass sie bereit wurden, in die Nachfolge Christi zu treten. Einer von ihnen sang am Ende der Feier ein Solo: „Am Morgen der Auferstehung werden Seele und Körper wieder vereint. Dann werden keine Schmerzen, kein Weinen und keine Trauer mehr sein." Alle Teilnehmer waren von dieser sehr ernsten Trauerfeier bewegt.

Seine Witwe kehrte mit ihrem Töchterchen wieder nach England zurück. Sie sah nun in Ägypten keine Aufgabe mehr für sich. Aber dann setzte ein Strom von vielen Anfragen nach den Predigten von Chambers ein. Da sie viele seiner Ausarbeitungen in Stenografie geschrieben hatte, veröffentlichte sie ein Buch mit den Predigten ihres Mannes. Sie verschickte die angeforderte Post und vertraute Gott, dass er ihr die Mittel dafür zukommen lassen würde. Das Interesse für das Buch war enorm. Dieses Andachtsbuch mit dem Titel „Mein Äußerstes für sein Höchstes" wurde seit 1923 immer wieder neu aufgelegt. In mehr als 30 Sprachen wurde es übersetzt und mehrere Millionen dieses so wertvollen Buches wurden verkauft. Es wurde das meist verkaufte Andachtsbuch der Welt.

So wirkt Oswald Chambers auch heute noch unter der Christenheit weiter und ermutigt uns alle, unser Innerstes für Gott völlig einzusetzen, damit viele Menschen den Weg zu Jesus finden. Mit unerschütterlicher Treue war es Oswald Chambers in seiner Verkündigung gegeben, den Menschen in diesem Andachtsbuch die Dringlichkeit des Glaubens an Jesus darzustellen.

Ich lasse einige markante Aussprüche von Oswald Chambers folgen:

Achte ich beim Beten mehr auf den Berg, der versetzt werden soll, oder auf Gott, der ihn hinwegnehmen kann?

Alles, was jetzt noch dunkel und unverständlich ist, wird eines Tages ganz klar sein, herrlich und strahlend.

Anbetung heißt, Gott das Beste zu geben, was er uns gegeben hat.

Aus Glauben zu leben bedeutet, niemals zu wissen, wohin man geführt wird, aber doch den zu kennen und zu lieben, der uns führt.

Christen erleben das Wunder, dass Gott einem Menschen mitten im äußeren Unglück Freude geben kann.

Das Evangelium bietet nicht, was der natürliche Mensch wünscht, sondern was er braucht.

Das Gebet ist der Atem der Christen: nicht das, was uns lebendig macht, aber das Zeichen, dass wir wirklich leben.

Der Einzige, der uns versteht, ist der Eine, der uns geschaffen hat.

Du bist ein Teil von Gottes Schöpfung; lass also Jesus Christus dieses Stückchen Schöpfung – dich – gut und heil machen.

Gott liebt uns nicht, weil wir liebenswert sind, sondern weil sein Wesen Liebe ist.

Wer baut die Gottesstadt?

Wie sehr hat es mich gefreut, dass ich sechs Flüchtlingskinder zu einer Freizeit einladen konnte, die die Marburger Stadtmission veranstaltete. „Woody Town" hieß das Thema dieser Tage und die jungen Menschen – über 40 waren es – haben sich in froher Runde getroffen. 40.000 Bauklötze waren in Kisten angeliefert worden, mit denen die Kinder die Mauern der Gottesstadt aufbauen sollten. Es ging um Jerusalem, das von den Babyloniern völlig niedergebrannt worden war. Wie viel Mühe haben sich die einsatzbereiten Mitarbeiter gemacht, um aufzuzeigen, wie auch heute zerstörte Bereiche unseres Lebens wieder neu aufgebaut werden können. Am letzten Tag dieser Freizeit wurden auch die Eltern zu einem Gottesdienst eingeladen. Schon das war ein eindrucksvolles Bild, wie die Kinder, umrahmt von uns Erwachsenen, in der Mitte auf einem Teppich saßen. Vorn auf der Tribüne hatten sie in ihren Ferien die Mauern Jerusalems aufgebaut. Das hat mich persönlich sehr angesprochen. Dafür haben sie viel Arbeit und Mühe eingesetzt, und es ist ein gelungenes Bauwerk entstanden. Als erstes Lied sangen wir gemeinsam:

Voll, voll, Volltreffer,
ja ein Volltreffer Gottes bist du.
Du bist wertvoll, ja du.
Wunderbar bist du gemacht
mit deinen schönen Augen.
Freu dich, dass du gucken kannst.
Das war Gottes Idee.

Es folgten dann alle Körperglieder, die wir haben: Beine, Ohren, Nase. Mit den entsprechenden Bewegungen machten die Kinder uns deutlich, wie herrlich uns Gott geschaffen hat. Die Erwachsenen sangen auch alle mit, denn mit einem Beamer wurden die Verse an die Wand geworfen. Es wurden dann noch andere frohe Kinderlieder gesungen, und ich staunte darüber, wie meine Kleinen aus Syrien kräftig mitsangen. Dabei strahlten ihre dunklen Augen und sie waren begeistert bei der Sache. Ich war überrascht, dass sie schon so gut deutsch lesen konnten. Auch die Verkündigung war auf die Kinder ausgerichtet.

Besonders habe ich mich darüber gefreut, dass auch die Eltern von unseren kleinen Flüchtlingen mitgekommen waren. Als die Familie vor vier Monaten bei uns ins Haus einzog, hatte ich mich nicht getraut, sie zum Gottesdienst in unsere Gemeinde einzuladen, da sie Moslems sind. Aber heute nahmen sie sehr gerne an dieser Festfeier teil und wurden herzlich von den anderen Gemeindegliedern willkommen geheißen. Gegen Ende der Veranstaltung wurden wir noch zu einem köstlichen Mittagessen eingeladen. So saßen wir in froher Runde zusammen und ließen es uns gut schmecken. Danach wurden noch einmal mit den Kindern vor der aufgebauten Stadtmauer Jerusalems Fotos gemacht. Und dann gab es plötzlich einen lauten Knall, und die Mauer fiel in sich zusammen. Viele halfen mit, auch unsere syrischen Gäste, die Bauklötze in den Kisten zu verstauen, die nun noch für andere Kinderfreizeiten gebraucht wurden.

Für mich war dieser Sonntagmorgen ein herrlicher Tag, an dem auch Kinder und Erwachsene aus fremden Nationen die Botschaft von Jesus hören konnten. Das machte mich glücklich.

Das Buch Nehemia ist eines der letzten geschichtlichen Bücher des Alten Testamentes. Der Perserkönig Cyrus zog 539 v. Chr. in Babylon ein. Die Bewohner der Stadt begrüßten ihn enthusiastisch. Hier lebten die Israeliten, die aus ihrem Heimatland verschleppt worden waren, in jüdischen Kolonien. Äußerlich ging es ihnen erträglich, sie hatten ihr Auskommen. Aber doch litten sie, denn alles, was für sie glaubensmäßig von Bedeutung war, fehlte ihnen. Es gab in Babylon keinen Tempel, keine gottgeweihten Priester, keine herrlichen Gottesdienste, keine Anbetung ihres Herrn und keine Opfer. Ihre Sehnsucht ging zurück nach Jerusalem, das total in Trümmern lag. In Psalm 137 wird uns die Wehklage der Verbannten in erschütternder Weise geschildert: „An den Wassern zu Babel saßen wir und weinten, wenn wir an Zion gedachten. Unsere Harfen hängten wir an die Weiden dort im Lande. Denn die uns gefangen hielten, hießen uns dort singen und in unserem Heulen fröhlich sein: ‚Singt uns ein Lied von Zion!' Wie könnten wir des Herrn Lied singen im fremden Lande? Vergesse ich dich, Jerusalem, so verdorre meine Rechte.

Meine Zunge soll an meinem Gaumen kleben, wenn ich deiner nicht gedenke, wenn ich nicht lasse Jerusalem meine höchste Freude sein."

Nehemia selbst ist in Babylon geboren, und sein Vater gab ihm den bezeichnenden Namen „Jahwe hat getröstet".

Eine Familie, die ihren Kindern solch verheißungsvolle Namen gab, stand in froher Zuversicht vor dem Gott der Väter.

Nehemia hatte eine glanzvolle Stelle am Hof des Königs Artaxerxes. Er war Mundschenk und stand so in unmittelbarer Nähe zum König. Dennoch ließ er sich nicht vom Luxus und dem vornehmen Leben am Hof blenden. Sein Herz hing an seinem Volk, und er war vom Elend Jerusalems sehr betroffen. Die Stadt lag verwüstet da und war ohne Mauern und Tore den Feinden preisgegeben. Eine Gottesstadt, von der die Hand des Herrn zurückgezogen war.

Als am Hofe von König Artaxerxes eine Gesandtschaft von Jerusalem unter der Führung von Hanani, einem Bruder von Nehemia, eintraf, war natürlich die Freude groß, denn nun konnte Nehemia endlich erfahren, wie es seinem Volk in Jerusalem ging.

Es war erstaunlich, wie sehr er mit seinen Glaubensbrüdern in Jerusalem verbunden war. Die innige Gemeinschaft mit ihnen war enger, als es Blutsbande zu sein vermögen. Im Grunde ist dies ein Geheimnis, das sich nur dem an Christus Glaubenden erschließt.

Als ich mit 16 Jahren meine entscheidende Stunde der Hinwendung zu Christus erlebte, wurde mir auch ein Stück dieses Geheimnisses zuteil. Ich erfuhr die Wahrheit, die Jesus in die Frage kleidet: „Wer ist meine Mutter, und wer sind meine Brüder?" Und Jesus sah auf seine Jünger rings im Kreis und sprach: „Siehe, das ist meine Mutter und das sind meine Brüder. Denn wer Gottes Willen tut, der ist mein Bruder und meine Schwester und meine Mutter" (Markus 3,33). Mit unserer Bekehrung zu Christus wird uns nicht nur die Gemeinschaft mit Gott zuteil, sondern wir erfahren das große Geschenk der Bruderliebe. Christus lässt uns in dieser neuen Verbindung mit ihnen tiefes Vertrauen und Geborgenheit erleben. Unsere Geschwister empfinden wir als Geschenk, als Gabe von Gott, und nicht als Last.

Hier bei Nehemia wird uns die Liebe zu seinen Brüdern beispielhaft deutlich. Er lebte zwar am Hofe des heidnischen Königs, aber sein Herz schlug für seine geistlichen Geschwister in Jerusalem. Es ist ein großer Unterschied, ob wir eine Nachricht über Presse und Radio erfahren, oder ob der eigene Bruder kommt und uns davon unterrichtet.

Was Hanani zu sagen hatte, war niederschmetternd. Das schöne Jerusalem, die Gottesstadt, lag zerstört da. Die Mauern waren niedergerissen und die Tore verbrannt. Nichts war von der einstmaligen Herrlichkeit dieser Stadt übrig geblieben. Nehemia war bis ins Innerste erschüttert. Jerusalem sollte doch Gottes Stadt sein, ein Hinweis für die heidnische Umgebung, wie herrlich und groß Gott ist. Und nun lag alles in Schutt und Asche. Die Juden hatten sich mit der Zeit an diesen katastrophalen Zustand gewöhnt. Sie hatten vergessen, was das Ziel des Herrn mit dieser Stadt war.

All dieser Kummer legte sich wie eine schwere Last auf das Herz dieses treuen Mannes in der Fremde. In Nehemia 1,4 heißt es: „Da ich aber solche Worte hörte, saß ich da und weinte und trug Leid etliche Tage und fastete und betete vor dem Gott des Himmels."

Aber Nehemia war nicht der Einzige, der über Jerusalem weinte. Auch unser Herr Jesus weinte auf dem Ölberg über diese Stadt, trauerte, betete und opferte schließlich sein Leben am Kreuz für sie. Das war die Grundlage für den Dienst Jesu an seinem Volk, und das ist auch bis heute unsere Basis, wenn wir im Reich Gottes arbeiten wollen. Wir müssen vom Elend der Menschen ergriffen sein und müssen auch mitempfinden, wenn unsere Brüder und Schwestern um des Evangeliums willen geschlagen, gepeinigt, gefoltert und getötet werden. Unser Herz muss davon berührt werden, wenn der Sache Gottes Schmach widerfährt. Erst da, wo wir wie Nehemia unter der Last, die sich ihm auf die Seele gelegt hatte, fast zusammenbrechen, werden wir fähig, eine gesegnete Arbeit für Gott zu tun. Die trostlose, erbarmungswürdige Lage muss uns auf die Knie bringen, ehe wir sie recht anpacken können. Das ist die eigentliche Zubereitung für unseren Dienst. Wir müssen uns fragen: Berührt uns noch in unseren Familien die Gottlosigkeit und der innere Zerbruch ethischer Werte? Treiben uns die irren Wege unserer heranwachsenden Jugend noch um, die ohne Jesus ihre Ziele verfolgen? Es gilt in unseren eigenen Häusern den Schutt zu sehen, und zwar wachen Blickes. Unsere Kinder, unsere Ehepartner müssen wir so anschauen, wie Jesus sie sieht. Das Leid um die noch nicht errettete Verwandtschaft muss uns packen. Von Nehemia können wir lernen. Wir lindern erst dann eine Not, wenn wir zunächst das Elend in dieser Welt an unserer eigenen Seele verspüren. Erst dann empfangen wir unseren Auftrag, dass uns die Augen für Gottes Sache geöffnet werden.

Nehemia wurde berufen, die Mauern in Jerusalem wieder aufzubauen, aber vorher weinte er über die Ruinen. Auch uns trifft der Ruf, geistliche Mauern zu bauen um unsere eigene Seele, um unsere Kinder, um unsere Familie und um unsere Gemeinde. Aber zunächst gilt es, die Schäden aufzudecken. Dazu brauchen wir einen klaren Blick und ganzen Einsatz. Das Reich Gottes können wir nicht bauen, wenn wir bequem im Sessel sitzen und diese Aufgabe wie ein Hobby betreiben. Unser Dienst für Gott, ganz gleich, wie gering und unauffällig er in den Augen unserer Mitmenschen sein mag, beginnt damit, dass wir zunächst die Ruinen und den Schutt sehen. Wie steht es um die Unterweisung unserer Kinder im Evangelium? Brennt es uns auf den Nägeln, dass unsere Kleinen schon früh in die Welt der Bibel eingeführt werden? Beten wir für sie, noch ehe sie geboren werden? Treibt es uns noch um, wenn unsere heranwachsenden Kinder Gottes Gebote missachten und sie ihr Leben den modernen gefährlichen Prinzipien der Gesellschaft anpassen?

Zu jeder fruchtbaren Arbeit gehört zunächst das Erkennen der Lage, aber das geschieht auf den Knien in tiefer Trauer um das menschliche irregeleitete Herz. Wie war Jesus ergriffen vom Leid, als er die Menschen in seiner Umgebung sah, die verwahrlost und heruntergekommen waren, verloren wie Schafe ohne Hirten. Jerusalems Mauern sollten ein Zeichen für die Rettung Israels sein. Aber davon war nun nichts mehr zu sehen. Sie sollten ein Beispiel für Gottes Lobpreis darstellen, aber alles war hoffnungslos in Schutt und Asche gelegt. Sie sollten die Trennung von heidnischen Völkern bedeuten, aber ihre Tore waren niedergebrannt, und die Feinde hatten ungehindert Zugang.

Unser missionarischer Sinn sollte vom Eifer für Gottes Sache bestimmt werden und Gott hoch gelobt werden. Wenn wir begeistert und mit frohem Mut an die Sache unseres Herrn herangehen, dann fallen uns die Opfer und der Einsatz nicht schwer. Nehemias Verhalten will uns in unserem Tun anleiten. Er betete zu Gott nicht wie zu einem Kumpel, dem man auf die Schulter klopft, sondern er war von Gottes Heiligkeit ergriffen. „Du großer, furchtbarer, schrecklicher Gott", so redete er seinen Schöpfer an.

Er wusste um die Heiligkeit seines Herrn. Wenn Gott uns in seiner Gnade begegnen soll, dann will er uns zunächst von unserer Schuld, von unserm Versagen und unserem Stolz befreien. Uns kann nur geholfen werden, wenn wir Vergebung durch das teure Blut Christi erlangen.

Nehemia scheute sich auch nicht, offen die Sünden seines Volkes, aber auch sein persönliches Versagen zu bekennen und sich darunter zu beugen. Wie viel mehr sollten wir den Mut finden zum offenen Eingeständnis unserer Verfehlungen. Nehemia war von Gottes Heiligkeit so ergriffen, dass er nicht nur seine eigene Sünde vor Gott brachte, sondern auch die Schuld Israels. Das ist priesterliche Haltung, die wir uns zu eigen machen dürfen.

Aber Gott richtet uns nicht nur mit scharfem Blick, sondern hält uns auch die Rückkehr zu ihm offen. Nehemia hielt Gott vor: „Sie sind ja doch deine Knechte." Auch ein verlorener Sohn bleibt der Sohn, dem der Weg zur Umkehr offen steht.

Am Schluss richtete Nehemia noch eine konkrete Bitte an Gott. Er wünschte sich, dass der König, in dessen Dienst er ja stand, Erbarmen mit ihm habe. Hier wuchs bei Nehemia, der als Büßer und Beter vor Gott stand, der Glaube, von Gott Großes zu erwarten. Erst wenn uns Gottes Herrlichkeit und Macht aufgegangen sind, werden wir frei, Gelingen und Herrliches von ihm zu erwarten. Nehemia wollte sich für sein Volk einsetzen, aber das war nur möglich, wenn Artaxerxes ihn freigab und ihn ziehen ließ. In der damaligen Zeit und vielleicht auch heute mag das ein unverschämtes Verlangen gewesen sein. Sklaven und Bediensteten war es nicht erlaubt, Wünsche und Bitten zu äußern. Aber Nehemias Plan würde nur dann aufgehen, wenn der König selbst für den Maueraufbau gewonnen würde, er sich voller Erbarmen und Liebe zeigte und sich selbst zu dieser neuen Aufgabe stellte.

Was erwarten wir von Gott? Rechnen wir mit seiner Macht, wo unsere eigenen Möglichkeiten erschöpft sind? Wenn unser Glaubensleben arm und kümmerlich ist, dann liegt dies nicht an unserem Herrn. Er ist ein reicher Vater im Himmel und kann uns mit unermesslichen Gütern beschenken. Ich liebe das Wort: „Den glimmenden Docht wird Gott nicht auslöschen und das zerstoßene Rohr wird er nicht zerbrechen." So wählte Nehemia den Weg, den schon Mose gewählt hatte. Er zog es vor, mit dem Volk Gottes Schmach zu leiden, anstatt an den zeitlichen Ergötzungen der Sünde teilzuhaben. Nehemia war unbeugsam in seinem Entschluss, Gott zu dienen. Und er war zu jedem Opfer bereit.

Auch heute sind die Grundlinien des Dienstes die Gleichen. Wir können bei Gott nur durch unseren Einsatz und durch unsere Hingabe an ihn, unseren Herrn, etwas erreichen. Nur dann sind wir in diesen göttlichen Aufgaben geschickt, wenn wir zuvor die Stille vor unserem Gott suchen. Das Gebet ist immer noch der beste und erfolgreichste

Dienst. Gott möge uns Herzen geben, die lieben, Augen, die offen sind, Sinne, die Gottes Absicht klar erkennen, einen Willen, der Gott völlig gehorsam ist, und eine Entschlusskraft, die unermüdlich die Aufgaben Gottes in Angriff nimmt.

Philipp, ein liebenswerter Mensch

Aus der Diakoniestation erhielt ich einen Anruf: „Frau Bormuth, die Nächte im September werden jetzt kalt, und heute war ein Obdachloser an unserer Tür, der dringend ein Dach über dem Kopf sucht. Er habe sich schon eine tüchtige Erkältung eingefangen, weil er bei diesen niedrigen Temperaturen unter der Brücke schlafen musste. Überall in der Stadt hat er schon nach einer Wohnung gesucht, aber vergeblich. Könnten Sie ihn nicht aufnehmen?"

Ich zögerte zunächst ein wenig, überlegte erst und sagte dann: „Ja, schicken Sie den Herrn zu uns. Ein Zimmer könnte ich für ihn einrichten. Ich werde ihm noch ein Bett besorgen, aber sonst ist alles vorhanden. Meine Kinder werden mir gerne mit einer Schlafgelegenheit aushelfen."

Drei Stunden später klingelte Philipp – so wollte er von mir angeredet werden – an meiner Tür. Mit einem Rucksack, auf den er seinen Schlafsack gebunden hatte, stand er vor mir. In der Hand hielt er eine riesige Plastiktüte. Freundlich bat ich ihn herein und führte ihn in seine neue Behausung. Ich hatte schon vorher die Heizung angedreht, und so rief er freudig aus: „O, was ist das hier schön warm!" Dann zeigte ich ihm noch sein Bad. Auch darüber war er glücklich. „Kann ich mich gleich duschen?", schaute er mich fragend an. „Sie wissen, wie das ist, wenn man sich draußen kaum waschen kann. Meine Klamotten stinken schon."

„Aber natürlich. Sie sollen sich bei uns wohlfühlen."

In Philipp hatten wir einen freundlichen Mieter gefunden. Aus der Küche holte ich ihm noch eine Kaffeemaschine und das nötige Geschirr herbei. Darüber freute er sich.

„Zum Mittagessen werde ich in die Diakonie gehen. Für 1,50 Euro kann ich dort reichlich essen. Die Leiterin kennt mich ja schon. Nun habe ich alles, was ich brauche." Handtücher, Seife und Duschgel hatte ich ihm schon vorher aufs Waschbecken gelegt.

Schon in den ersten Tagen hatte sich Philipp gut eingelebt. Aber bald merkte ich, dass der ältere Herr manchmal kaum die Treppe hochkam, weil er stark angetrunken war. Oft brachte er auch einen ganzen Kasten mit Bierflaschen in sein Zimmer. Das gefiel mir natürlich nicht, weil ich weiß, wie viel Not aus der Alkoholsucht entsteht.

Das eigentliche Problem aber ergab sich erst einige Wochen später, als der erste Frost ins Land zog. Nun wurde es recht laut in Philipps Zimmer, denn er brachte noch drei Kumpels mit, die zuvor mit ihm unter der Brücke oder auf Parkbänken im Schlossgarten geschlafen hatten. Ich wusste zunächst nicht, wie ich mich Philipp gegenüber verhalten sollte, und schwieg.

Im Oktober fiel das Thermometer auf minus fünf Grad herunter. Ich überlegte hin und her. Mir war bewusst, dass man bei dieser Kälte niemanden im Freien schlafen lassen kann, und duldete die Überbelegung. Nun hatte ich nicht nur einen Gast im ehemaligen Zimmer meines Sohnes, sondern gleich drei und manchmal sogar vier. Meine neuen Schlafgenossen hatten entdeckt, dass ich hinten in einer Kammer noch Matratzen und Decken liegen hatte. Sie stammten von unseren Kindern, die aber schon längst das Haus verlassen hatten. Mir wurde klar, dass ich lieber schweigen und sie nicht vertreiben sollte, solange die Kälte anhielt. Ich hätte mein Verhalten schäbig gefunden, wenn ich die ehemaligen Tippelbrüder aus der warmen Stube vertrieben hätte und dann in der Zeitung hätte lesen müssen: „Heute Nacht wurde der erste Erfrierungstote an der Lahn aufgefunden." Solche Zeitungsberichte waren mir schon von anderen Städten bekannt geworden. Also ließ ich die Burschen der Landstraße weiter im warmen Zimmer schlafen. Ich bat sie nur, das Radio nicht so laut zu stellen und die Nachtruhe einzuhalten. Als dann der Frühling kam und es warm wurde, sprach ich mit Philipp, er möchte doch seinen Kameraden sagen, dass sie nun das Feld räumen sollten. Vielleicht fände er ja über die Diakonie andere Unterbringungsmöglichkeiten für sie. Das wollte er dann seinen Kumpanen anraten. Nun wurde es wieder ruhiger im Hause.

Aber einmal musste ich doch noch ein ernstes Wort mit Philipp reden. An seinem Geburtstag hatte er seine Freunde zu einem Umtrunk bei sich eingeladen. Unter ihm wohnte eine Studentin, die mitten in ihren Examensvorbereitungen stand. Auf Angela hatten die Partyboys keine Rücksicht genommen. Es dröhne laute Musik bis weit nach Mitternacht durchs ganze Haus. So bat ich Philipp am nächsten Tag zu mir.

„Sie ahnen sicher, warum ich Sie kommen ließ. Es gibt Beschwerden. Angela konnte die ganze Nacht nicht schlafen. Ihre Kumpels sind erst gegen zwei Uhr aus dem Haus gegangen. Wie kriegen wir jetzt die Kuh vom Eis? Helfen sie mir!"

„Das ist gar nicht so einfach, Frau Bormuth, aber ich werde mal mit meinen Kumpanen reden, dass sie nicht mehr nach 10 Uhr abends hierbleiben können. Wenn sie mir nicht folgen, dann rufe ich Sie um Hilfe. Sie sind ja die Besitzerin des Hauses. Zu meiner Entschuldigung kann ich nur sagen, dass ich gestern sehr früh eingeschlafen bin und so meine Freunde nicht eher zum Gehen bewegen konnte. Aber ich werde keine Partys mehr veranstalten."

Ich dankte Philipp für sein Verständnis, er schöpfte Vertrauen zu mir und begann ein langes Gespräch. Aufmerksam hörte ich ihm zu. „Frau Bormuth, der Alkohol hat mein Leben zerstört. Das haben Sie sicher schon bemerkt. Zweimal habe ich eine Therapie in der Klinik gemacht, aber nach einiger Zeit musste ich doch wieder trinken, mehr als gut für mich war."

„Vielleicht versuchen Sie es ein drittes Mal. In Elbingerode gibt es eine sehr gute Suchtklinik. Ich kenne auch den Chef dieser Einrichtung und könnte mich für Sie verwenden. Er würde mir bestimmt helfen. Sollten wir es nicht noch ein drittes Mal versuchen, Philipp?"

„Frau Bormuth, das hat alles keinen Zweck mehr. Wahrscheinlich würde mir auch die Krankenkasse die Kosten nicht mehr erstatten. Ich bin zu einem regelrechten Alkoholiker geworden", klagte er.

„Was hat Ihnen denn im Leben so viel zu schaffen gemacht, dass Sie im Schnaps die Lösung Ihrer Probleme suchten?"

„Das kann ich Ihnen sagen. Ich war früher ein sehr frommer junger Mensch. Sonntags saß ich immer in der hintersten Reihe in der Kirche. Auch meine Eltern besuchten regelmäßig den Gottesdienst. Mehrmals habe ich schon als Schüler die Bibel gelesen. Von Kindheit an sind mir ihre Geschichten vertraut." Plötzlich entdeckte Philipp eine Kinderbibel auf dem Tisch und nahm sie in die Hand. „Das ist aber keine deutsche Kinderbibel", meinte er. „Nein, nein, ich habe diese arabische Kinderbibel für unsere vier Flüchtlingskinder ausgesucht. Sie kommen aus Syrien und wohnen seit einigen Monaten direkt über uns. Sie sind Moslems, aber sie wollten die Geschichten gerne lesen. Für die Erwachsenen habe ich arabische Neue Testamente besorgt. Auch sie wurden mir gerne abgenommen."

„Was sind das für schöne Bilder!", staunte Philipp. „Ich kenne alle Geschichten. Das sind Adam und Eva, als sie geschaffen wurden. Hier sehe ich Abraham. Er war auf dem Weg nach Morija, wo er seinen Sohn opfern sollte. Auf dieser Seite erkenne ich den Durchzug der Israeliten durch das Rote Meer." Über die Kenntnisse von Philipp war ich überrascht. Fast jedes Bild konnte er mir deuten. Dann erzählte er mir, dass er heute noch ab und zu die Bibel lese und auch bete.

Inzwischen habe ich Philipp schon öfter in den Gottesdienst eingeladen, der an unserem Ort immer um 18 Uhr stattfindet. Nach der Predigt klatschte er laut in die Hände und rief „Danke!" Anschließend ließen wir uns gemeinsam das Abendbrot schmecken. Ich wusste nämlich, dass ihm am Wochenende das Geld knapp wird – er erhält nämlich erst am Montag für eine Woche das Essensgeld ausbezahlt –, und darum war er am Sonntag meist recht hungrig. Ich kochte ihm immer etwas Kräftiges zum Abendbrot. Dann blieben wir noch gemütlich in der Küche sitzen und unterhielten uns.

Freundlich bedankte er sich bei mir und räumte sogar den Tisch ab. Es tut mir leid, dass dieser liebenswerte und fromme Mensch so sehr an den Alkohol gebunden ist und nicht mehr davon loskommt. Aber ich muss ja nicht über ihn urteilen. Das behält sich Gott selbst vor.

Bei einer anderen Gelegenheit erzählte er mir noch, wie er in die Abhängigkeit geraten war. „Frau Bormuth, meine Familie hat mich im Stich gelassen, und dann bin ich in schlechte Gesellschaft von Freunden geraten. Sie haben mich verführt. Jetzt sitze ich in meinem Elend da, denn alle haben sich von mir abgewandt, als mir das Geld ausgegangen war. Mich tröstet nur, dass ich den Glauben an Gott nicht ganz verloren habe. Und doch muss ich mir eingestehen, dass ich mir mein junges Leben ruiniert habe. Mir wurde der Führerschein wegen Trunkenheit am Steuer entzogen, und dann verlor ich meinen Job als Taxifahrer. Heute lebe ich von einer kleinen Rente und von der Unterstützung durch das Sozialamt. Ich bin ein gescheiterter Mensch."

„Aber Sie wissen, Philipp, dass Gott Sie dennoch liebt. Noch habe ich die Hoffnung für Sie nicht aufgegeben. Er kann Sie von der Sucht befreien. Dafür will ich meine Hände falten."

„Danke, Frau Bormuth, vielen Dank!"

Nur ein paar Tröpfchen Liebe

Heute mache ich mich mit einem Karton voller Neuer Testamente und Kinderbibeln in arabischer Sprache auf den Weg zu unserer neuen Zeltstadt. Auf einem Sportplatz ganz in unserer Nähe wurden große Zelte für Flüchtlinge errichtet. Leider darf ich das Lager nicht betreten. Am Eingang stehen zwei hoch gewachsene, starke Männer als Wache. Mit ihnen komme ich ins Gespräch und merke an ihrem Reden, dass sie aus Russland stammen. „Ich bin auch eine von Ihnen, denn ich bin in der Ukraine geboren, wo der Dnjestr ins Schwarze Meer mündet."

Mit dieser Auskunft habe ich das Interesse der Wachmänner gewonnen. Sie freuen sich, mit mir über ihre Heimat zu sprechen, und ich erzähle ihnen, wie oft ich schon in Budaki mit meinen Eltern den Sommerurlaub zugebracht habe. Seitdem ist mir das Wasser eine große Freude. Die Wachmänner nennen mir eine Reihe Orte, die mir sehr bekannt sind: Odessa, Konstanza, Ackermann und noch andere. „Wir haben die gleichen

Wurzeln, und ich fühle mich mit Ihnen eng verbunden. Ich bin sicher, Sie können mir jetzt helfen. Den Flüchtlingen möchte ich gerne eine Freude bereiten und Literatur für sie ins Lager bringen. Es sind arabische Kinderbibeln und Neue Testamente. Sie werden mir gewiss eine Möglichkeit bieten, wie ich syrischen Flüchtlingen diese Gaben aushändigen kann."

„Ja, das ist kein Problem. Hier in den Zelten haben wir viele Syrer. Wir werden sie zu Ihnen rufen." Im Nu bin ich von einer Kinderschar umringt, die mir ihre Hände entgegenstrecken. Gern schauen sie sich die wunderschönen Kinderbibeln mit vielen Geschichten und herrlichen Bildern an und greifen danach. Auch Erwachsene kommen und sprechen mit meinem Mann. Es ist hilfreich, dass wir uns mit ihnen in englischer Sprache verständigen können. Mein Mann ist ja Englischlehrer, und ich selbst habe schon eine Reihe englischer Romane ins Deutsche übersetzt. Mein missionarischer Auftrag erfüllt mich mit einem stillen Glück. In den nächsten Tagen, wenn ich neue Kinderbibeln von einem Verlag erhalten habe, werde ich die Männer von der

Security am Grenzzaun des Lagers wieder aufsuchen.

Aber wäre es nicht auch schön, wenn ich den vielen Kindern auch einige Süßigkeiten mitbrächte? Diese Idee gefällt mir und bringt mich in Bewegung. In unserer Nähe hat eine Schokoladenfabrik ihre Niederlassung. Ich wähle die Telefonnummer von Ferrero und lasse mich mit dem obersten Chef verbinden. Ihm trage ich mein Anliegen vor. Da er mich schon kennt, ist er sofort bereit, mir am nächsten Tag einige Kartons mit Schokolade zukommen zu lassen. „Frau Bormuth, kommen Sie am Donnerstag um 15 Uhr zu mir. Gerne erfülle ich Ihnen diesen Wunsch."

Mir ist so wohl bei dem Gedanken, diesen Flüchtlingskindern in ihre dunklen, schönen Augen zu schauen. Sie werden mir bestimmt entgegenstrahlen. Auch die spannenden Kinderbibeln werden sie mir gerne aus der Hand nehmen. Mein Mann wird mit ihren Eltern reden und ihnen neue Testamente in Arabisch aushändigen. Ich bin mir bewusst, dass unsere Gaben nur wie ein Tropfen auf den heißen Stein sind. Aber kann Gott nicht diese Tröpfchen der Liebe zu einer sprudelnden Quelle im Herzen der Menschen werden lassen? Sie sollen ihnen ein wenig helfen, den Verlust ihrer Heimat und alle damit verbundenen Bedrängnisse leichter zu ertragen.

Ein bedeutsamer Brief

Liebe Lotte!

Mit dieser Anrede von einem mir noch unbekannten Herrn erhielt ich heute einen besonderen Brief. In seinen letzten Zeilen wünschte er mir Gottes Segen und nannte seinen Namen: Rudolf. So schrieb er: „Ich rede dich, Lotte, einfach mit deinem Vornamen an, denn wir sind Glaubensgeschwister. Ich freue mich immer, wenn ich Menschen begegne, die sich in den Dienst Jesu stellen. So lernte ich dich auf einer Konferenz kennen. Aber mir ist auch Sabine Ball bekannt, die man die Mutter Teresa von Dresden nennt. Sie hat mich sehr in ihrem Tun bewegt, denn sie war wirklich eine wunderbare Täterin des Wortes Gottes. Als wir uns begegneten, gewann ich den Eindruck, als ob wir uns schon lange kennen würden, und wir wurden durch Jesus Freunde. Ich lege dir über das Wort aus Jesaja 40,29-31 eine CD bei. Dort heißt es:

„Gott gibt den Müden Kraft und Stärke genug den Unvermögenden. Knaben werden müde und matt und Jünglinge fallen, aber die auf den Herrn harren, kriegen neue Kraft, dass sie auffahren mit Flügeln wie Adler, dass sie laufen und nicht matt werden, dass sie wandeln und nicht müde werden."

Ich habe den Eindruck, dass du mit dem Eifer für Gottes Sache auch zu den Adlern gehörst, denn du hast dein Nest auf den Felsen gebaut, der Jesus heißt. Die Stürme des Lebens sind dir nicht erspart geblieben, wenn ich deine Geschichten lese, sondern sie haben dich hochgetragen in Gottes Nähe. So ähnlich ist es mir auch ergangen und das Schwere der Ereignisse hat zu einer größeren Reife beigetragen. So habe ich gelernt, mich auf den Felsen zu stellen, der Christus heißt. Merkst du, wie stark wir miteinander durch unseren Herrn Christus verbunden sind? Leicht ist mir mein Dasein auch nicht gefallen, und so will ich dir Einblick geben in die Stürme, die mich nach oben getragen haben.

Es war im Sommer 1990. Wir waren eine glückliche Familie mit drei sehr lieben Mädchen. Die Jüngste war 25, die Zweite 30 und die Älteste 35 Jahre alt. Die Kleinste war bereits zwei Jahre verheiratet, und das junge Ehepaar wohnte in Hamburg. Ihr Mann studierte Theologie und wollte Pastor werden. Im Sommer verbrachten sie bei uns zu Hause in Kork bei Kehl ihren Urlaub. 1968 waren wir hierher gezogen. Ursprünglich wohnten wir in Bötzingen in der Nähe von Freiburg. Ich wollte mich beruflich verändern und hegte schon lange den Wunsch, behinderten Menschen in ihrer Not und Hilflosigkeit beizustehen. In Kork gab es ein Heim für Kranke, die unter Epilepsie leiden. Auch alle meine drei Kinder sind in sozialen Berufen tätig. Eine Tochter erlernte den Beruf der Kinderkrankenschwester und Hebamme, die Zweitälteste wurde Krankenschwester, und die Jüngste absolvierte die Ausbildung zur Erzieherin.

Am 29. Juni 1990 wollte das junge Paar wieder die Reise nach Hamburg antreten. Meine Frau und ich planten, Urlaub in Eckernförde zu machen. Schon seit längerer Zeit machten meiner Frau die Bronchien zu schaffen. Ich selbst hatte mich gerade von einem schweren doppelseitigen Bandscheibenvorfall erholt. So hätten uns bestimmt einige erholsame Tage gutgetan. Wir fuhren in zwei Autos Richtung Norden. Auf der langen Fahrt wollte ich mich mit meiner Frau am Steuer abwechseln. Vier Stunden waren wir schon unterwegs und hatten Kassel hinter uns gelassen. Unsere Kinder fuhren hinter uns. Im Werratal war eine Geschwindigkeitsbegrenzung angezeigt, da gerade eine neue Brücke über diesen Fluss gebaut wurde. Der Verkehr verlief in ruhigen Bahnen und wir erkannten keine Gefahren auf der Strecke. Plötzlich schreckte uns ein lauter Knall auf. Unser Auto war zu einer fast runden Kugel zusammengeschlagen. Mein Arm war gebrochen und im Gesicht und an den Armen hatte ich leichte Schürfwunden. Außerdem erlitt ich eine Gehirnerschütterung. Meiner Frau war kaum was zugestoßen und sie war der Meinung, dass ein platter Autoreifen den Knall verursacht hatte. Die Türen konnten wir noch öffnen. Ein junger Mann half uns aus dem Wagen und erzählte uns, was passiert war.

Bei einem Tanklaster hatten die Bremsen versagt und der Fahrer konnte seinen großen Truck auf der steilen Abfahrt nicht mehr zum Stehen bringen. So verursachte er diesen Unfall. Ein Polizist war sofort zur Stelle, und meine Frau fragte, wie es unseren Kindern ergangen sei, die doch direkt hinter uns gefahren waren. Aber wir konnten ihr Auto nicht mehr erblicken. Der Polizist erklärte uns, dass sämtlicher Verkehr hinter uns umgeleitet worden war. So waren wir guter Hoffnung, dass sich unsere Kinder auf dem Weg nach Hamburg befanden. 60 Meter weiter war eine Rechtskurve. Der Tankwagen war auf einen Sattelschlepper aufgefahren und brannte lichterloh.

Meine Frau und ich wurden nach Hannoversch Münden in ein christliches Krankenhaus gebracht. Zunächst waren wir in getrennten Zimmern untergebracht, aber schon am nächsten Tag, dem 30. Juni, erhielten wir ein gemeinsames Zimmer mit Nasszelle und Balkon. Wir waren glücklich, dass wir wieder beisammen sein konnten.

Inzwischen war die Nachricht bis in unser Krankenhaus durchgedrungen, dass unsere beiden Kinder tödlich verletzt worden waren. Durch den Aufprall des Tanklasters hatte das junge Ehepaar den Tod erlitten. Uns aber wurde diese Hiobsbotschaft nicht ausgerichtet. Am Samstagnachmittag erhielten wir Besuch von unserer ältesten Tochter und ihren Schwiegereltern. An diesem Samstag ist auch unser zweites Enkelkind geboren worden. So nahe können Tod und Leben beieinanderliegen. Am darauffolgenden Tag erhielten wir Besuch von einem Pfarrerehepaar. Der Pastor erzählte uns, dass man ihn über den Unfall informiert habe, und er würde auch seine Gemeinde davon unterrichten, damit sie uns in ihre Gebete einschlösse. Kurz danach brachte uns der Hausmeister dieser Kirche einen herrlichen Blumenstrauß. Außerdem besuchte uns noch eine Stationsschwester aus dem gleichen Ort.

Nun war es inzwischen Sonntag geworden. Wir waren erstaunt, dass eine Jugendgruppe bei uns erschien, die uns Glaubenslieder mit Gitarrenbegleitung vorsang. Die Chorleiterin war die Frau des Hausmeisters. Bevor die jungen Menschen wieder gingen, fragte uns die Dirigentin, ob sie noch mit uns beten dürfte. Sie war selbst eine gläubige Frau und erzählte uns, dass sie früher unsere Kinder durch die Jungscharstunden kennengelernt hatte. Unsere Tochter gehörte in Kehl zu einem Jugendkreis des EC (Entschieden für Christus), der oft auf der Straße Missionsveranstaltungen durchgeführt hatte.

Nach dem Gebet dieser gläubigen Dirigentin erfuhren wir schließlich die ganze Wahrheit, was unseren beiden Kindern bei diesem schrecklichen Unfall passiert war. Sie sagte mit bewegtem Herzen: „Seid stark und dankbar zugleich. Eure beiden Kinder sind nun in Gottes Herrlichkeit aufgenommen. Der Herr braucht sie in seinem himmlischen Reich."

Wir waren von dieser Nachricht erschüttet. Zugleich aber erfuhren wir viel Trost. Die Fürbitte dieser treuen Christen trug uns durch unser schweres Leid. Nun wurde unser Glaube geprüft, ob wir es mit Gott ernst meinten. Immer wieder standen Christen an unseren Krankenbetten und stärkten uns in dieser kaum zu fassenden Führung. Wir erlebten die Wahrheit aus dem Wort der Offenbarung:

„Und wir hörten die Stimme Gottes, die sprach: Siehe da, die Hütte Gottes bei den Menschen. Und er wird bei ihnen wohnen, und sie werden sein Volk sein, und er selbst, Gott mit ihnen, wird ihr Gott sein und abwischen alle Tränen von ihren Augen. Und der Tod wird nicht mehr sein, noch Leid noch Geschrei noch Schmerz wird mehr sein, denn das Erste ist vergangen."

Nur eine Lappalie?

Auf meinem kurzen Spaziergang kam ich mit einem Herrn ins Gespräch. Er wollte wissen, wer nun die Wohnung über uns gemietet habe, denn er habe gehört, die syrische Flüchtlingsfamilie mit ihren vier Kindern werde Marburg verlassen und nach Weimar weitergeleitet werden. „Ja, Sie haben recht und wir sind sehr traurig, dass wir von der Familie Feras Abschied nehmen müssen. In der Zeit, in der sie bei uns gewohnt haben, sind sie uns zu Freunden geworden. Sie sind überaus nett zu uns gewesen, und ich habe besonders die Kinder in mein Herz geschlossen. Viel Schönes habe ich mit den vier prachtvollen Kleinen erlebt.

An heißen Sommertagen habe ich von unserer Terrasse aus mit ihnen gespielt und ihnen kleine Teddybären, Hündchen, Eselchen und Püppchen aus Stoff auf ihren Balkon geworfen. Mit viel Geschick fingen sie die Spielsachen auf. Warf ich mal ein hübsches, lustiges Rehlein daneben, dann hörte ich ein lautes, fröhliches Lachen. Ich musste mich oft mehrmals anstrengen, bis das Stofftierchen von den Buben aufgefangen werden konnte.

Dabei fiel mir wieder ein, dass ich während meiner Sportstunden im Gymnasium gerade beim Werfen viele Punkte verlor. Im 60-Meter-Lauf und im Weitsprung war ich gut und konnte viele Punkte sammeln. Aber der schlechte Wurf verdarb mir die Freude, mal einen Preis zu erlangen. Aber hier auf meiner großen Terrasse habe ich mir durch meine Ungeschicklichkeit und mein Versagen im Werfen viel Spaß eingehandelt. Wenn die Kinder das Spielzeug auffangen konnten, belohnte ich sie oft mit einem Täfelchen Schokolade. Wie leicht ist es doch, Kinderherzen zu beglücken.

Aber nun werden mich die vier Lieblinge in wenigen Tagen verlassen. Als Geschenk will ich jedem von ihnen eine Pralinenschachtel in den Rucksack packen. Aber das Abschiednehmen wird mir schwer. Ich liebe diese Kleinen und habe versucht, sie in ihrem Verlust um Heimat und Freunde zu trösten, denn sie haben viel Leid erfahren."

Nun, so ist das Leben, musste ich denken. Es ist nicht auf Dauer in dieser Welt angelegt. Aber es ist für uns tröstlich, dass uns die Ewigkeit vor Augen stehen darf. Darin liegt die stärkste Kraft und Hoffnung für uns: Christus hat uns durch seine Auferstehung das Heil im Himmel bereitet.

„In unser Haus werden fünf neue Flüchtlinge einziehen", erklärte ich meinem Gesprächspartner. „Sie stammen aus Somalia. Drei Jahre werden die jungen Burschen zunächst die Sprachschule und das Realgymnasium besuchen und sich dann an der Universität zum Studium der Medizin und Psychologie einschreiben", erzählte ich diesem Herrn.

„Müssen es denn unbedingt Afrikaner sein?", unterbrach mich Herr Lange. „Ihre Frage verwundert mich. Für mich ist jeder Mensch ein Geschöpf aus Gottes wunderbarer Hand. Flüchtlinge, die meine Hilfe brauchen, sind mir immer recht, egal ob schwarz oder weiß."

„Mir ist das nicht gleichgültig", erwiderte Herr Lange. „Ich denke an meine vier Kinder und ich möchte nicht, dass sie mit negativen Erfahrungen in ihrer Jugendzeit belastet werden. Außerdem weiß ich, dass Sie auch Obdachlosen Quartier bieten, und das beunruhigt mich noch mehr. Wir haben uns hier eine sehr schöne Wohngegend zum Bau unseres Hauses ausgesucht und auch viel Geld für das Grundstück bezahlt, und Sie, Frau Bormuth, holen die Tippelbrüder auf unsere Straße. Bei Ihnen geht es ja manchmal zu wie im Taubenschlag. Es ist ein Kommen und Gehen."

„Na, das wird bei Ihren vier Kindern auch nicht viel anders sein. Sie bringen Freunde zum Spielen mit nach Hause, und das bringt immer Bewegung ins Leben. Aber diese Menschen, die bei uns wohnen, sind Erwachsene und benehmen sich doch immer sehr ordentlich und höflich Ihnen gegenüber. Darauf achte ich. Ist mal ausnahmsweise die Musik etwas lauter, dann bitte ich meine Bewohner, den Knopf am Apparat auf Zimmerlautstärke einzustellen, was sie auch immer sofort tun. Außerdem bemühe ich mich, dass sie ordentlich gekleidet sind. Wenn ihnen eine anständige Hose fehlt, dann besorge ich ihnen über die Diakonie eine neue. Manchmal bringen mir auch meine Kinder gute gebrauchte Kleider ins Haus. Mir hat es Gott nahegebracht, dass jeder Mensch ein Dach über dem Kopf haben sollte. Der Gedanke, dass ein Bruder der Landstraße im Winter unter der Brücke der Lahn erfrieren könnte, würde mir das Herz sehr schwer machen, wenn ich ihn zuvor abgewiesen hätte.

Ich kann solche Menschen, die oft schwere Erfahrungen gemacht haben, nicht einfach vor der Tür stehen lassen, wenn ich ein freies Zimmer habe."

„So denke ich nicht", sagte mir dieser Herr. „Ich habe meine Kinder vor Augen. Sie sollen durch positive Beispiele erzogen werden. Schauen Sie sich bloß das kleine, schwarze Auto an, das gerade vor Ihrem Haus geparkt hat. Ein Mann stieg aus und ging zu Ihrer Parterrewohnung. Er blieb höchstens drei Minuten. In dieser Zeit warfen die beiden Mädchen im Wagen Bonbonpapiere und einen Jogurtbecher einfach auf den Bürgersteig. Dann stieg auch die Frau aus, und ich hörte ein Plätschern auf der Straße. Diese Type muss wohl einfach auf den Weg gepinkelt haben. Solch ein Verhalten beeinflusst meine Kinder nicht zum Guten."

„Hat sie wirklich uriniert?"

„Ja, so hörte es sich jedenfalls an."

Ich schwieg, ließ daraufhin den Gesprächspartner stehen und ging zu meinem Mann ins Haus. Diese Anschuldigung ließ mich nicht zur Ruhe kommen. „Ich will wenigstens den Becher und die Bonbonschnipsel beseitigen", überlegte ich. Ich ging auf den Bürgersteig, bückte mich, zog den Abfall aus der Pfütze und roch daran. Die Frau aus dem Auto hatte eine kleine Sprudelflasche ausgeleert. Es roch überhaupt nicht nach Urin. Das Plätschern wurde nur vom Wasser verursacht. Mein Mann bestätigte mir dies auch später. Er hatte die junge Mutti beobachtet.

Ich überlegte lange, ob ich mit diesem Herrn noch einmal darüber reden und alles richtigstellen sollte, kam dann aber zu der Erkenntnis, dass dies wohl wenig Erfolg zeigen würde. Ich will anderen nicht ihre verqueren Vermutungen vor Augen halten. Aber eins würde ich tun: Herrn Lange wie manche andere Menschen in mein Nachtgebet einschließen. Den Blick für die Armen muss Gott ihm selbst öffnen.

Abschied tut weh

Heute gilt es Abschied zu nehmen von meinen vier Lieblingen. Unsere syrischen Flüchtlinge werden nun nach vier Monaten in Marburg nach Weimar verlegt. Dort wird der Vater an einer Universität arbeiten können. Hier in unserem Ort haben sie Deutschunterricht gehabt und es ist erstaunlich, wie gut sie in dieser kurzen Zeit unsere Sprache gelernt haben. Nun haben wir fast kaum noch englisch mit ihnen geredet. Welch wunderbare Zeit habe ich vor allem mit den Kindern erlebt. Freunde aus Chemnitz haben mir eine ganz große Kiste mit Spielen geschickt. Zweimal in der Woche ging ich für eine Stunde ins obere Stockwerk, und wir haben vor allem zusammen gepuzzelt. Zunächst war ihre Mutter – sie hieß Lina und ihren Namen konnte ich mir besonders gut merken – mir gegenüber recht zurückhaltend, ja ängstlich. Doch dann vertraute sie sich mir eines Tages an: „Frau Bormuth, ich weiß nicht, ob es Ihnen recht ist, dass wir mit unseren vier Kindern direkt über Ihnen wohnen. Ob Sie wohl den Lärm, den unsere Buben verursachen, auch verkraften können? Darüber bin ich in banger Sorge und habe Angst, dass es zu einem Streit zwischen uns kommen könnte. Vielleicht sagen Sie mir noch, wann Sie abends schlafen gehen, damit dann wenigstens Ruhe über Ihren Köpfen eintritt."

„Ja, das kann ich Ihnen verraten. Um 22 Uhr ist für uns Schlafenszeit. Aber Sie müssen sich keinen Kummer machen. Unser Haus ist gut isoliert. Wenn Ihre vier süßen Lieblinge über uns springen, hüpfen, toben und tanzen, dann freut es mich, sie so munter und fröhlich zu erleben. Ich bin doch auch eine reich gesegnete Mutter von fünf Kindern und bin an ein frohes Spiel von ihnen gewohnt. Da sind Sie bei uns genau richtig. Wurde es einmal bei uns still im Haus, dann lagen meine Kinder meist krank im Bett. Das machte mir viel mehr Sorgen. Sind die Kleinen gesund, dann müssen sie sich auch bewegen können. Lassen Sie Ihren drei Buben und Ihrer Tochter viel Freiheit. Kinder sind eine wunderbare Gabe Gottes, die er in unsere Hände gelegt hat. Ihre vier sollen sich bei uns wohlfühlen und nicht immer hören müssen: ‚Seid still! Sitzt ruhig! Springt nicht vom Sofa und tanzt nicht über den Köpfen von Familie Bormuth herum!' Es macht mir Spaß, Ihre vier fröhlichen Schätzchen zu erleben. Vor allen Dingen freue ich mich über die wunderbaren dunklen Augen, die mutig in die Welt blicken, und über ihre herrliche schwarze Lockenpracht. Darum beneide ich sie. Wir werden schon eine gute Zeit miteinander haben und uns vergnügen."

Ich glaube, dass Lina nach diesem Gespräch ein Stein vom Herzen fiel. So gewann ich für meine große Familie noch vier prachtvolle Flüchtlingskinder hinzu, wenigstens auf Zeit.

Zum Abschied machte ich jedem ein schönes Geschenk. Es waren Kinderbücher aus eigener Feder. Dann nahm ich die vier noch einmal in meinen Arm und drückte ihnen einen Kuss auf ihre schwarzen Löckchen. Abschied nehmen tut richtig weh.

Dem Vater war es gar nicht recht, dass ihr Rucksack mit kleinen und großen Geschenken gefüllt wurde. „Bitte, nicht so viele Geschenke, Frau Bormuth", mahnte er mich.

„Aber ich habe doch sonst nichts, womit ich Ihren Kleinen etwas Gutes tun kann."

„Doch", unterbrach mich der syrische Vater. „Please pray to your God for my children. (Bitte beten Sie zu Ihrem Gott für meine Kinder!") Diese Worte des moslemischen Vaters bewegten mich tief in meinem Herzen. In der Zeit, in der diese Familie bei uns wohnte, führten wir viele geistliche Gespräche, denn sie wollten wissen, wie wir unseren christlichen Glauben leben. Wir waren auch bemüht, sie in ihrem Glauben an den Islam kennenzulernen. Ihr Schicksal ist nur schwer zu ertragen, und so versuchten wir, ihnen ein Tröpfchen der Liebe zukommen zu lassen, besonders aber die Kleinen zu verstehen. Jesus selbst sagt uns: „Lasset die Kindlein zu mir kommen und wehret ihnen nicht, denn ihnen gehört das Himmelreich."

Die große 4-Zimmer-Wohnung über uns ist nun leer. Aber schon morgen kommen neue Flüchtlinge in unser Haus, aus Somalia. Die fünf jungen Männer sollen spüren, dass sie uns willkommen sind. Wir wollen uns ihrer Not annehmen und ihnen ein Stück Geborgenheit geben. Hat uns nicht Jesus geboten, einander anzunehmen, wie er uns angenommen hat? Diesem biblischen Auftrag will ich gerne mit meinem Mann nachkommen. Wir wollen diesen fünf jungen Studenten nicht nur eine Wohnstatt bieten, sondern sie lieben lernen und vor allem viel deutsch mit ihnen reden. Ein neues Testament in ihrer Sprache habe ich schon für sie ausgesucht.

Bormuths böse Buben

Ach, wie haben wir uns mit unserer Familie auf unseren ersten Urlaub an der Nordsee gefreut. Ich liebe das Meer ganz besonders, bin ich doch am Schwarzen Meer aufgewachsen, wo meine Familie jeden Sommer vier Wochen verbrachte. Meine ersten sechs Lebensjahre erlebte ich dort in Bessarabien, bis wir dann nach Deutschland umgesiedelt wurden.

Aber nun waren wir voll froher Erwartungen auf dem Weg nach Holland. Eng war es in dem kleinen VW Käfer, den uns eine liebe Freundin für den Aufenthalt an der Nordsee zur Verfügung gestellt hatte. Damals war die Personenzahl noch nicht beschränkt, die in einem Auto mitgenommen werden durfte. Unser Jüngster hatte den besten Platz erwischt. Er lag quer auf dem Schoß unserer anderen drei auf dem Rücksitz und schlief fast die ganze Zeit, bis wir unser Ziel in Zandvoort erreicht hatten.

Unser Quartier bestand aus zwei wunderschönen Zimmern und wir räumten schnell unsere Sachen in die Schränke. Dann ging es hinunter an den Strand. Schon der Anblick der hohen Wellen ließ mein Herz höherschlagen, und voller Vergnügen schwammen und plantschten wir im Wasser.

Am Abend trafen wir uns dann zum Essen im Quartier und machten uns mit den übrigen Gästen bekannt. Wir waren etwa vierzig Personen, die aus Bayern, Hessen und Rheinland-Pfalz angereist waren. Mich wunderte es, dass wir recht kühl empfangen wurden. Die meisten nahmen zunächst etwas Abstand von uns. „Na, das wird sich schon noch ändern", sagte ich zu meinem Mann. „Du weißt, dass ich den Kontakt mit anderen Menschen gerade im Urlaub sehr liebe." Ich war hungrig nach froher Begegnung mit anderen Freizeitteilnehmern, denn mein Alltag zu Hause war durch meine große Familie von viel Arbeit geprägt und ließ mir nicht viel Zeit, Freundschaften zu pflegen. So war ich gespannt, was uns der morgige Tag bringen würde.

Aber wieder saßen wir allein an unserem Tisch, und ich empfand eine gewisse Kühle. Auch am Meer gesellten sich die Besucher nicht zu uns. Erst am dritten Tag änderte sich die Lage. Zwei Familien schlugen ihr Zelt direkt bei uns auf. Nun hatten unsere Kinder Freunde, mit denen sie Fußball und Tennis spielen konnten. Im Wasser wurde es überaus quirlig und lustig und das herrliche Badewetter trug auch zu unserer Freude bei. Aber bei Tisch saßen wir immer noch allein. Dabei hätte ich mir eine nette Unterhaltung gewünscht. Erst allmählich trat eine Veränderung ein. Die Gruppe fand gut zueinander. Unser Strandflecken gewann viele Besucher, die sich gern zu uns setzten. Mein Mann fand Kontakt zu einem Pfarrerehepaar aus der Schweiz, und es kamen interessante, theologische Gespräche in Gang. Gern setzte ich mich dazu, denn ich bin eine wissbegierige Frau. So nahm ich an den Problemen unserer Zeit teil und hatte nicht nur Kochen, Windelwaschen, Putzen und Schularbeiten im Kopf.

„Ist das aber schön, sich mit Ihnen zu unterhalten", begann die Pfarrfrau das Gespräch mit uns am Morgen. Wir tummelten uns auch gemeinsam im Wasser. Aber noch fehlte uns der Kontakt zu den anderen Gästen. Jeder von ihnen ging so seiner eigenen Wege. Auf einem längeren Spaziergang lüftete die älteste Tochter des Pfarrers das Geheimnis: „Frau Bormuth, ich will Sie nicht im Unklaren lassen. Bevor Sie am Wochenende anreisten, sagte uns eine Dame aus Marburg, deren Ferientage nun zu Ende gegangen waren, als sie in ihr Auto stieg, ein warnendes Wort zum Abschied: „Passt nur auf! Jetzt gehen für euch die schönen Tage zu Ende, denn morgen werden Bormuths böse Buben anreisen. Und dann wird es sehr strapaziös für euch werden. Ich bin froh, dass ich jetzt wieder heimfahren kann und die freche Bande nicht ertragen muss."

Ich war über diese Nachricht entsetzt. Nun begriff ich, warum sich niemand an unseren Mittagstisch setzen wollte und wir zunächst auch am Strand allein blieben, obwohl wir doch eine Freizeitgruppe waren und morgens immer zusammen eine Andacht hörten. Aber zum Glück hatte sich nun das Blatt zum Guten gewendet. In den Wellen und beim frohen Ballspiel konnten sich unsere Kinder austoben. Sie fanden auch wunderbare Freunde, die etwa in ihrem Alter waren, und im Heim wussten sie sich zu benehmen. An den Abenden saßen sie mit ihren Kameraden zusammen, schauten sich die Fußballspiele der Bundesliga an und jubelten laut, wenn Gerd Müller von Bayern München wieder das runde Leder ins Tor der Gegner versenkte. Oft unternahm unsere Gruppe einen Stadtbummel und manchmal suchten wir auch gemeinsam das Eiscafé auf.

Mein Mann hatte es sich zur Aufgabe gemacht, Gäste vom Bahnhof mit ihrem Gepäck abzuholen oder die Abreisenden an den Zug zu bringen. Er half ihnen dann mit ihren schweren Koffern bis ins Abteil und winkte ihnen noch bis zur Abfahrt zu. An manchen Abenden trafen wir uns zum Beten und zum biblischen Austausch. Viele Lieder sangen wir und lernten auch neue. Es waren reich gesegnete Urlaubstage, und die vier Wochen vergingen viel zu schnell. Längst waren wir in diesen Tagen zu einer fröhlichen Gemeinschaft auch mit unseren Kindern zusammengewachsen.

Keiner aber fürchtete sich mehr vor Bormuths bösen Buben. Das Gegenteil war der Fall. Gern trugen unsere beiden Großen die Taschen und Rucksäcke der Anreisenden in ihre Zimmer. Auch die Briefe der Urlauber brachten sie zum Postkasten.

Aber der böse Ausspruch der vornehmen

Dame aus Marburg, die ich gar nicht recht kannte, sollte noch ein Nachspiel haben. 25 Jahre später war ich zu einer Vortragsreise nach München angereist. Liebevoll begrüßten mich eine Reihe Teilnehmer zum Frühstückstreffen. In einer großen Runde standen wir im Saal und warteten, bis der Kaffee aufgetragen wurde. Plötzlich trat eine Frau – sie war gerade durch die Tür gekommen – zu uns und reichte mir die Hand. Laut rief sie in den Kreis der anderen Teilnehmerinnen hinein: „Hier lernen wir heute die Mutter von Bormuths bösen Buben kennen." Ich hätte im Boden versinken können und war darüber sehr erschrocken. Die anderen Frauen blickten mich etwas verwirrt und skeptisch an. Kein Wort brachte ich über meine Lippen.

Meine Kinder hatten inzwischen alle ihre Schulzeit und das Universitätsexamen hinter sich gebracht. Vier von ihnen standen als Lehrer, Pfarrer und Verwaltungsbeamte im Dienst für Gott. Unsere Tochter leitete den Verlag der Francke-Buchhandlung. Sechs unserer Enkel hatten schon ein Jahr für Gott als Kurzzeitmissionare auf verschiedenen Missionsstationen in Thailand, Brasilien und Taiwan zugebracht. Wir als Eltern waren dankbar, dass sie zu Christus gefunden hatten und ihm mit ihrem Einsatz dienten. Peinlich war für mich diese Situation so kurz vor meinem Vortrag in München. Ich hatte Mühe, diesen herausfordernden, bösen Satz während meiner Rede vor Hunderten von Frauen aus meinem Gedächtnis zu tilgen.

So ist mir dieses Frühstückstreffen, auf das ich mich so gefreut hatte, recht schwergefallen. Aber auf der Heimfahrt fragte ich mich selbst: Wie verhalte ich mich zu anderen Menschen? Kommen nicht auch manchmal hässliche Worte über meine Lippen? Verletze ich nicht auch andere zumindest mit meinen negativen Gedanken? Ich begann mich für mein eigenes Verhalten zu schämen. Mir wurde bewusst, dass auch mir schon solche bösen, unwahren Worte, die anderen wehtaten, über die Lippen gekommen waren. Ich will nicht andere in die Pfanne hauen, sondern vielmehr freundliche, tröstende und fröhliche Gespräche mit meinen Mitmenschen führen. So mahnt mich Gottes Wort in Jakobus 3:

„Unsere Zunge kann kein Mensch zähmen, das unruhige Übel voll tödlichen Giftes. Mit ihr loben wir den Herrn und Vater, und mit ihr fluchen wir den Menschen, die nach dem Bilde Gottes gemacht sind. Aus einem Munde kommt Loben und Fluchen. Das soll nicht so sein, liebe Brüder" (Jakobus 3,8-10).

Was mich allein in solch einem bösen Zustand retten kann, ist die Versöhnung durch Christus. Sie macht mich unbegreiflicherweise frei durch die Vergebung meiner Schuld.

Ein kleines Wunder und doch ein großes Glück

Heute Abend ist mein Herz voller Freude und mein Mund jubelt laut. Fast den ganzen Tag habe ich herumtelefoniert und für eine junge, schwangere Flüchtlingsfrau eine Wohnung gesucht. Sie erwartet gerade ihr erstes Kind, und mir ist bewusst, dass sie in dem Zeltdorf, das in Marburg aufgestellt ist, nicht bleiben kann. Es ist schon Oktober und die Nächte werden allmählich frostig. Wie soll da ein kleiner Erdenbürger bei dieser Kälte überleben?

Nun kam Babic, so nenne ich ihren Namen in verkürzter Form, zu mir und bat mich dringend, für sie ein Zimmer bereitzustellen. Aber ich war total ausgebucht. Die Wohnungsnot in Marburg ist riesengroß. Das neue Semester hat begonnen und mehr als 25.000 Studenten und über 700 Flüchtlinge bevölkern die Stadt zusätzlich zu den etwa 80.000 Einwohnern. So ist Marburg überbelegt.

Fast täglich stehen junge Menschen vor

meiner Tür und fragen nach einer Wohnung. Sie immer abzuweisen, fällt mir nicht leicht. Ich erinnere mich an die Zeit, als meine fünf Kinder auf Zimmersuche in fremden Städten waren. Wie oft habe ich Bekannte, Verwandte und sogar Fremde angerufen und sie gebeten, mir ein Zimmer für meinen Sohn oder meine Tochter zu vermieten. In dieser Zeit war die Bitte für eine Studentenbude mein wichtigstes Anliegen in meinem Morgengebet.

Aber bei der schwangeren Frau aus Somalia liegen die Dinge ganz anders. Wer wird schon eine sehr junge Mutti mit Baby in sein Haus aufnehmen, wo doch bald lautes Kindergeschrei die häusliche Ruhe stören wird? Meine Not ist groß und eine Absage nach der andern beschwert mein Herz.

Ich erinnere mich an eine Zeit, in der ich selbst unser zweites Kind erwartete und ganz dringend eine neue Behausung brauchte. Täglich gingen wir durch die Straßen von Arolsen, wo mein Mann nun Lehrer an einem Gymnasium geworden war, und hielten Ausschau, wo wir ein Fenster entdeckten, vor dem noch keine Gardinen hingen. Wenn wir wirklich ein solches Haus gefunden hatten, wurden wir kritisch beäugt und dann abgewiesen. Ich verstand die Menschen nicht mehr, bis mir eine Freundin sagte: „Lotte, du mit deinem Babybäuchlein verschreckst jeden Vermieter. Lass deinen Mann allein durch die Straßen ziehen und nach einer Bleibe suchen."

Aber wer meinen Mann kennt, wird mir beipflichten, dass er nicht der rechte Bittsteller ist. Ihm würde es äußerst schwerfallen, auf Wohnungssuche zu gehen. Er ist ein feinfühliger, stiller Mensch und sitzt lieber in seinem Studierzimmer über seinen vielen Büchern, anstatt um eine Bleibe zu bitten. Uns blieb damals nichts anderes übrig, als mit den Banken über Darlehen zu verhandeln und uns ein kleines Eigenheim zu bauen. Mein Vater hatte uns noch bereitwillig versprochen, uns dabei finanziell zu helfen. Das meiste Geld für den Hausbau hat er gestiftet. Das kam uns einem Wunder gleich. Nach anderthalb Jahren konnten wir dann in unser Eigenheim ziehen.

Bei dieser jungen Somalierin ist es ganz anders. Ihr bleibt eine solche Lösung verwehrt. Sie ist aus ihrem Land geflüchtet, hat Verwandte und Freunde hinter sich gelassen und weiß noch nicht einmal genau, wo ihr Mann geblieben ist, denn dort in ihrem Land herrschen schreckliche Kriegszustände.

Mir ist klar, dass ich ihre Not auf mein betendes Herz nehmen soll. So setze ich all meine Energie ein und führe so viele Telefonate, dass ich über all den Absagen fast verzweifelt bin. Vor jedem Anruf spreche ich ein Gebet. Aber dann gibt mir Gott einen hilfreichen Gedanken in den Sinn. Einer unserer Söhne hat sich für seine späteren Jahre, wenn er aus dem Pfarramt ausscheiden muss, ein Haus ganz in unserer Nähe gebaut. Ich weiß, dass er es vermietet hat. So rufe ich ihn noch nach 21 Uhr an und lege ihm meine Bitte vor, ob er vielleicht Rat weiß.

„Mutti, du hast Glück. In ein paar Tagen will ein junger Mann heiraten und zu seiner Partnerin ziehen. Ich hatte noch keine Zeit, mich um eine Weitervermietung zu kümmern. Im Augenblick werde ich von Arbeit überhäuft. In dieser Woche muss ich in meiner Gemeinde einen Pfarrkonvent durchführen und neben der üblichen Tätigkeit wie Konfirmandenunterricht, Predigtvorbereitung, Besuchen bei Schwerkranken und Beerdigungen bin ich noch nicht dazu gekommen, mich um die Vermietung zu kümmern."

„Ich suche dringend eine Wohnung für eine junge Frau aus Somalia. Sie ist schwanger und erwartet in vier Wochen ein Baby. Würdest du sie nehmen?"

„Ja, Mutti, ich bin ja schon als Kind mit ausländischen Studenten groß geworden. Es ist eine 2-Zimmer-Wohnung mit Küche und Bad. Ich weiß nicht, ob das Sozialamt die Miete dafür aufbringen wird."

Daniel nennt mir den Preis, ich aber füge noch hinzu: „Sollte es eine Differenz geben, weil das Amt nur ein Zimmer bezahlen will, dann steuere ich aus eigener Tasche den Rest dazu bei. Diese werdende Mutter braucht dringend ein warmes Zuhause für sich und den Säugling. In dem Zeltdorf könnte sie nur schlecht mit ihrem Baby leben."

Kurz vor 22 Uhr abends rufe ich Babic noch an und sage fröhlich. „Ich habe eine gute Nachricht für dich, denn ich habe eine Wohnung für dich gefunden. Sie wird sehr gut für dich und dein Kind passen. Noch ganz neu ist sie. Morgen kommst du bei mir vorbei, und wir sehen sie uns an."

„Wow, that's wonderful! (Das ist ja wunderbar!)", war ihre Antwort. Einen innigen Dank ließ ich zu Gott aufsteigen. An diesem Abend las ich vor meinem Abendgebet noch Worte aus Jesaja 58: „Brich dem Hungrigen dein Brot und führe, die so im Elend sind, in dein Haus. Wenn du einen nackt siehst, so kleide ihn. Dann wird dein Licht hervorleuchten wie die Morgenröte und deine Heilung wird schnell voranschreiten, und deine Gerechtigkeit wird vor dir hergehen und die Herrlichkeit des Herrn wird deinen Zug beschließen. Dann wirst du rufen, und der Herr wird dir antworten. Wenn du schreist, wird er dir sagen: ‚Hier bin ich.'"

Besonders der letzte Vers macht mich innerlich froh: „Alsdann wirst du deine Lust an deinem Herrn haben, und ich will dich über die Höhen auf Erden schweben lassen und will dich speisen mit dem Erbe deines Vaters." Wie glücklich fühle ich mich an diesem Abend. Mit einem Rotstift streiche ich mir die Verse dick an, denn mir ist bewusst, dass mein Vater im Himmel dieses Wunder geschenkt und mich recht geführt hat. So kann ich noch in der gleichen Stunde im Auftrag meines Sohnes den Mietvertrag ausfüllen.

Wunderbar, ja unbegreiflich ist Gottes Handeln, muss ich denken. Da, wo das Elend unermesslich und fast nicht zu bewältigen ist, weiß der Vater im Himmel Rat und Hilfe.

Aber am anderen Morgen liegen nun neue Aufgaben vor mir. Die beiden Zimmer müssen möbliert werden. Außerdem fordert der Vormieter, dass Babic die fast neue Küchenzeile übernehmen soll, sonst würde er sie ausbauen. Meinem Sohn bliebe dann die Renovierung und Babic würde eine Kochmöglichkeit fehlen. Vom Sozialamt kann dieser Preis nicht bezahlt werden. Ich überlege lange und werde bereit, für die Küche aufzukommen. Auch einige Gebrauchsgegenstände kann ich der Somalierin von uns überlassen, aber sie braucht noch mehr. So gelingt es uns, ein gebrauchtes Schlafzimmer mit großem Schrank und herrlichen Betten, dazu noch zwei Nachtschränkchen zu erwerben, ohne dafür viel Geld auf den Tisch legen zu müssen. Aber auch für den Transport erhalten wir Hilfe. Ich brauche dringend ein großes Auto dafür. Wieder greife ich zum Telefon. Ein Bauer aus dem Nachbarort – er ist ein gläubiger Christ – ist bereit, die Sachen herbeizuschaffen. Mit seinem Trecker fährt er durch ganz Marburg. Mein Mann begleitet ihn. Zusammen laden sie die Möbel auf und zwei Studenten bauen die Betten und Schränke in Babics Wohnung wieder zusammen.

Noch am gleichen Nachmittag kann ich der Mutter einen großen Waschkorb voll mit Baby- und Bettwäsche vorbeibringen. Ich hatte sie von einer Frau aus unserer Gemeinde erhalten, die wohl keine Kinder mehr bekommen kann. Alle Jäckchen und Hemdchen, alle Mützchen und Badetücher sind blitzsauber und schon gebügelt.

„Du meine Mama", schließt mich Babic in ihre Arme. Nun fehlen nur noch die Windeln. „Babic, wenn du das Baby geboren hast, möchte ich ihm gerne meinen Namen Lotte geben", sage ich mit einem schalkhaften Lachen.

„O nein, meine Mama, nix Lotte! Eine Boy (ein Junge)!", antwortet sie mir und wir freuen uns beide.

Als dann die Möbel an Ort und Stelle stehen, räumt sie alles ein. Am nächsten Morgen, es ist ein Sonntag, rufe ich sie an und will wissen, wie es ihr geht. Nur kläglich kommen ihre Worte über die Lippen, bis ich merke, dass sie im Krankenhaus liegt und gerade die Geburt überstanden hat. In der Nacht hat man sie mit dem Rettungswagen in die Klinik gebracht und schon eine Stunde später hat ihr kleiner Sohn durch einen Kaiserschnitt das Licht der Welt erblickt. Welch eine Freude.

Heute habe ich sie besucht. Voller Stolz zeigt sie mir ihr Kind. Es ist recht klein und ich vermute, dass es einen Monat zu früh geboren ist. Als ich sie frage, wie schwer ihr Baby bei der Geburt war, gibt sie mir zur Antwort: „Eine Stunde." Wir haben noch immer Sprachschwierigkeiten miteinander. Babic spricht schlecht Englisch, und Deutsch kommt ihr nur bruchstückhaft über die Lippen. Aber ich werde ihr helfen, unsere nicht leichte Sprache zu erlernen. Ab und zu werde ich auch auf den kleinen Zacharias, wie sie ihren Liebling genannt hat, aufpassen, wenn sie zum Einkaufen in die Stadt fahren muss. Ich habe in meinem Wohnzimmer schon einen älteren Kinderwagen aufgestellt. Da sie keine Waschmaschine besitzt, werde ich ihre Wäsche in meinen Mieleautomaten stecken. Für meinen kleinen Schatz aber werde ich tüchtig Windeln kaufen. Mir wird immer mehr zumute, als würde mir mit diesem schwarzen, süßen Baby ein weiteres Enkelkind geschenkt.

Es ist erstaunlich, wie reich mich Gott werden lässt. Nun habe ich schon das biblische Alter weit überschritten und werde doch noch als Großmutter gebraucht. So lobe ich meinen Herrn und danke ihm für alle frohen und wunderbaren Überraschungen.

Adresse:
Lotte Bormuth
Sperberweg 8a
35043 Marburg
Tel. 06421/41347

Mehr von Lotte Bormuth

Das neue Lotte Bormuth Lesebuch
ISBN 978-3-86827-566-7
192 Seiten, gebunden

„Gott ist verschwenderisch in seiner Liebe und Güte. Ich muss nur ein geübtes Auge und ein aufnahmebereites Herz haben, seine Wunder zu fassen", so beschreibt Lotte Bormuth Gottes Wirken in ihrem Leben. Dankbar schaut sie auf 80 Jahre ihres Lebens zurück, in denen sie die Nähe Gottes gespürt hat. Mit ihm ist sie durch manch tiefes Tal gegangen und über Höhen geklettert. In diesem Lesebuch erzählt sie von beeindruckenden Wundern, aber auch von großen und kleinen Missgeschicken im Alltag ihrer kinderreichen Familie, von Anfechtungen und Pannen als Vortragsreisende und von ergreifenden Schicksalsgeschichten, die ihr Menschen anvertrauten.

Wer die Erlebnisse von Lotte Bormuth liest und sich von ihrer Freude über Gott anstecken lässt, der kann vielleicht trotz schwerer Erlebnisse mit der Autorin sagen: „Gott ist verschwenderisch in seiner Liebe und Güte."

Ein Sammelband mit den bewegendsten Lotte-Bormuth-Geschichten.

Wie Blumen aus Gottes Garten
ISBN 978-3-86827-527-8
172 Seiten, kartoniert

Ob rot, gelb, blau oder violett – je bunter die Blumen in einem Frühlingsstrauß sind, desto mehr fesselt er unseren Blick. Unvergleichlich vielfältiger sind jedoch die Erfahrungen, die die Menschen dieser Welt tagtäglich mit Gott machen.

Ob sie ihn im tiefsten Leid oder im fröhlichen Feiern, mitten in den Schrecken des Krieges oder in den unerklärlichen Wundern erfahren, die eine Prüfung begleiten – Lotte Bormuth hat wieder einen wundervollen Strauß beeindruckender Geschichten zusammengebunden, die etwas ganz Besonderes bewirken: Sie öffnen den Blick ihrer Leser für die Farben, die Gott in den Alltag ihres eigenen Lebens bringt.

Beschenkt mit einem Königreich
ISBN 978-3-86827-432-5
206 Seiten, kartoniert

»Heute Morgen bin ich mit einem Königreich beschenkt worden und glücklich war ich auch. Das kam
so: Es war tiefster Winter, draußen herrschten eisige
Temperaturen. Das Thermometer war weit unter Null
Grad geklettert. Da hörte ich die Klingel läuten. Ein
Obdachloser stand vor der Tür: ›Eine Diakonisse hat
mir Ihre Adresse gegeben. Ich habe kein Dach über
dem Kopf. Bitte, bitte, nehmen Sie mich auf!‹

Sollte ich Nein sagen? Mir ging ein Ausspruch von
Luther durch den Kopf: Wer einen Menschen glücklich gemacht hat, der hat mehr als ein Königreich gewonnen. Da wusste ich, was zu tun war.«

*Dieses und viele andere Erlebnisse aus dem Leben von
Lotte Bormuth zeugen von der Liebe Gottes, die sie selbst
erlebt hat und großzügig an andere weitergibt.*